职业教育殡葬相关专业系列教材

BINZANG YISHI CEHUA YU ZHUCHI

殡葬仪式策划与主持

亓 娜　姜 笑　主编
孙树仁　主审

·北京·

内容简介

《殡葬仪式策划与主持》共分两篇、十三个模块。理论篇主要介绍殡葬仪式策划基础、殡葬司仪洽谈——主持素养和殡葬司仪的形象要求；实操篇包括气息训练、形体训练、洽谈训练、护灵仪式、告别仪式、入化纳灵仪式、骨灰安葬仪式、公祭仪式、清明主题纪念活动和其他殡葬仪式。

本书既探讨了有关殡葬仪式策划与主持的概念、内涵、新趋势，又全面细致地讲解了个性化殡葬仪式策划与主持过程所运用的多种方法和技巧，采用任务的形式（搭配工作手册）引导读者完成仿真工作任务；同时配有课程思政、音频示范等丰富资源（以二维码形式呈现），有助于直观理解课程要点。

本书既可作为职业教育现代殡葬技术与管理、陵园服务与管理等专业的教学用书，也可作为殡葬礼仪师提升服务素质和服务水平的实用教材和辅导用书。

图书在版编目（CIP）数据

殡葬仪式策划与主持 / 亓娜，姜笑主编. —北京：化学工业出版社，2022.1（2024.7重印）
职业教育殡葬相关专业系列教材
ISBN 978-7-122-40324-7

Ⅰ.①殡… Ⅱ.①亓… ②姜… Ⅲ.①葬礼-礼仪-高等职业教育-教材②葬礼-主持人-高等职业教育-教材 Ⅳ.①K892.22

中国版本图书馆CIP数据核字（2021）第239789号

责任编辑：章梦婕　刘　哲　李植峰　　　文字编辑：贾全胜　陈小滔
责任校对：刘曦阳　　　　　　　　　　　　装帧设计：王晓宇

出版发行：化学工业出版社（北京市东城区青年湖南街13号　邮政编码100011）
印　　装：三河市延风印装有限公司
787mm×1092mm　1/16　印张15½　字数285千字　2024年7月北京第1版第3次印刷

购书咨询：010-64518888　　　　　　　　　售后服务：010-64518899
网　　址：http://www.cip.com.cn
凡购买本书，如有缺损质量问题，本社销售中心负责调换。

定　价：46.80元　　　　　　　　　　　　　　　　　版权所有　违者必究

职业教育殡葬相关专业系列教材

编撰委员会

主　　任　邹文开

副 主 任　何振锋　孙树仁　孙智勇　马　荣　卢　军　张丽丽

委　　员　（按照姓名汉语拼音顺序排列）

　　　　　毕爱胜　樊晓红　郭海燕　何秀琴　何振锋　胡　玲
　　　　　黄汉卿　姜　笑　林福同　刘　凯　刘　琳　卢　军
　　　　　吕良武　马　荣　牛伟静　亓　娜　沈宏格　孙树仁
　　　　　孙智勇　王　静　王立军　魏　童　邬亦波　肖成龙
　　　　　徐　莉　徐晓玲　余　廷　翟媛媛　张丽丽　赵志国
　　　　　郑佳鑫　郑翔宇　钟　俊　周卫华　周晓光　朱文英
　　　　　朱小红　邹文开

职业教育殡葬相关专业系列教材

审定委员会

主　　任　赵红岗

副 主 任　何振锋　孙树仁　肖成龙　孙智勇　朱金龙

委　　员（按照姓名汉语拼音顺序排列）

　　　　　曹丽娟　何仁富　何振锋　刘　哲　齐晨晖　孙树仁
　　　　　孙智勇　王　刚　王宏阶　王艳华　肖成龙　杨宝祥
　　　　　杨德慧　杨根来　赵红岗　朱金龙

《殡葬仪式策划与主持》编审人员

主　　编　亓　娜　姜　笑
副 主 编　王德东　曹丽娟　董立波　刘　琳
编写人员（按照姓名汉语拼音排列）
　　　　　曹丽娟（北京市八宝山革命公墓）
　　　　　董立波（北京市东郊殡仪馆）
　　　　　董子毅（北京八宝山礼仪有限公司）
　　　　　姜　笑（识水知生工作室）
　　　　　刘　琳（襄阳市殡仪馆）
　　　　　亓　娜［北京社会管理职业学院（民政部培训中心）］
　　　　　王　丹［北京社会管理职业学院（民政部培训中心）］
　　　　　王德东（北京八宝山礼仪有限公司）
　　　　　徐　颖（北京八宝山礼仪有限公司）
　　　　　宣日平（江苏省东台市殡仪馆）
　　　　　颜　雯（西安市殡仪馆）
　　　　　赵　然（大连金普新区民政事务服务中心殡仪馆）
主　　审　孙树仁［北京社会管理职业学院（民政部培训中心）］

序 一

殡葬服务是基本民生保障工程。随着经济社会的快速发展，人民对美好生活的需求日益提升，百姓对殡葬服务水平和质量提出了更高的要求。让逝者安息，给生者慰藉，为服务对象提供人文化、个性化服务亟须提上议事日程。当前，我国每年死亡人口上千万。截至2021年底，全国共有殡葬服务机构4373个，殡葬服务机构职工8.7万人。殡葬从业人员的数量和素质势必影响着殡葬服务的水平和质量。人民群众对殡葬服务日益高质量、多样化、个性化的需求，给殡葬从业人员提出了更高的要求和期待。

党的十九大报告指出："完善职业教育和培训体系，深化产教融合、校企合作"，为新时代职业教育发展明确了思路。2019年1月，国务院印发了《国家职业教育改革实施方案》，把职业教育摆在教育改革创新和经济社会发展全局来进行谋划，开启了职业教育改革发展的新征程，提出了深化职业教育改革的路线图、时间表、任务书。方案中尤其提出"建设一大批校企'双元'合作开发的国家规划教材，倡导使用新型活页式、工作手册式教材并配套开发信息化资源"，更为殡葬相关专业系列教材编写工作指明了方向。党的二十大报告指出，"统筹职业教育、高等教育、继续教育协同创新，推进职普融通、产教融合、科教融汇，优化职业教育类型定位"。

从殡葬教育发展现状来看，我国现代殡葬教育从无到有，走过了二十多年的发展历程。全国现有近十所院校开设殡葬相关专业，累计为殡葬行业培养了近万名专业人才，在提升殡葬服务水平和服务殡葬事业发展方面起到了关键作用。殡葬教育取得成绩的同时，也存在诸多问题，如全国设置殡葬相关专业的院校，每年毕业的学生仅千余名；又如尚未有一套专门面向职业院校学生的教材，不能满足新时代殡葬事业发展的需要，严重制约了殡葬教育的发展和殡葬相关专业人才的培养。

在这样的背景下，北京社会管理职业学院生命文化学院、现代殡葬技术与管理专业教学指导委员会启动了系列教材编写工作，旨在服务于全国各职业院校殡葬相关专业的教学需要和行业从业人员的培训需求。教材编写集结了院校教师、行业技能大师、一线技术能手以及全国近四十家殡葬企事业单位。多元力量的参与，有效保障了系列教材在理论夯实的同时保证案例丰富、场景真实，使得教材更加贴近生产实践，具有更强的生命力。将系列教材分为三批次出版，有效保障了出版时间的同时深耕细作、与时俱进，使得教材更加紧跟时代发展，具有更强的发展性。本套教材是现代殡葬教育创办以来首套专门为职业院校学生和一线从业人员编写的校企一体化教材。它的编写回应了行业发展的需要以及国家对职业教育发展的定位，满足了殡葬相关专业职业教育的实践需求，必将有效提升殡葬人才的专业素质、服务技能以及学历水平，对更新和规范适应发展的专业教学内容、完善和构建科学创新的专业教学体系、提高教育教学质量、深化教育教学改革起到强有力的促进作用，也将推动殡葬行业的发展，更好地服务民生。

在这里要向为系列教材编写贡献力量的组织者和参与者表示敬意和感谢。感谢秦皇岛海涛万福环保设备股份有限公司、石家庄古中山陵园、天津老美华鞋业服饰有限责任公司等几家单位，积极承担社会责任，资助教材出版。

希望系列教材能够真正成为殡葬职业教育的一把利器，推进殡葬职业导向的教育向更专业、更优质发展，为培养更多理论扎实、技艺精湛的一线高素质技术技能人才作出积极贡献，促进殡葬教育和殡葬行业健康快速发展。

全国民政职业教育教学指导委员会副主任委员
北京社会管理职业学院党委书记
邹文开

序 二

生死是宇宙间所有生命体的自然规律。殡葬作为人类特有的文明形式，既蕴含着人文关怀、伦理思想，又依托于先进技术与现代手段。我国的现代殡葬技术与管理专业自20世纪90年代创立，历经20多年的发展，已培养上万名殡葬专业人才，大大推进了我国殡葬事业的文明健康发展。然而，面对每年死亡人口上千万、治丧亲属上亿人的现实，全国殡葬专业每年的培养规模不足千人，殡葬专业人才供给侧与需求侧结构性矛盾突出。要解决这一矛盾，就必须不断提升人才培养的能力，切实加强推进殡葬专业建设。

格林伍德在《专业的属性》一书中指出，专业应该具有的特征包括"有一套系统的理论体系；具有专业权威性；从业者有高度认同的价值观；被社会广泛认可；职业内部有伦理守则"。这样看来，殡葬教育要在职业教育层面成为一个专业，教材这个"空白"必须填补。目前，我国尚没有一套专门面向职业院校的殡葬专业教材。在教学实践中，有的科目开设了课程但没有教材，有的科目有教材但内容陈旧，严重与实践相脱离；目前主要应用的基本是自编讲义，大都沿用理论课教材编写体系，缺少行业环境和前沿案例，不能适应实际教学需要。

加强教材建设、厘清理论体系、提升学历层次、密切产教融合，真正做实做强殡葬职业教育，培养更多更优秀的殡葬专业人才，以此来回应殡葬行业专业化、生态化高速优质发展的需要，以此来回应百姓对高质量、个性化、人文化殡葬服务的需求，这是教育工作者义不容辞的使命。"建设知识型、技能型、创新型劳动者大军""大规模开展职业技能培训，注重解决结构性就业矛盾"，十九大报告为职业教育发展指明方向。"职业教育与普通教育是两种不同教育类型，具有同等重要地位""建设一大批校企'双元'合作开发的国家规划教材"，《国家职业教育改革实施方案》为职业教育发展圈出重点。

"殡葬"不仅要成为专业，而且殡葬专业是关系百姓"生死大事"、关系国家文明发展的专业。我们要通过殡葬人才培养，传递保障民生的力量；要通过殡葬人才培养，传播生态文明的观念；要通过殡葬人才培养，弘扬传统文化的精神。而这些作用的发挥，应当扎扎实实地落实在教材的每一章每一节里，应当有的放矢地体现在教材的每一字每一句中。就是带着这样的使命与责任，就是怀着这样的情结与期待，现代殡葬技术与管理专业教学指导委员会启动了"职业教育殡葬相关专业系列教材"的编写工作。计划分三批次出版面向职业院校学生和一线从业人员的殡葬专业系列教材。教材编写集结了殡葬专业教师和来自一线的行业大师、技术能手，应用了视频、动画等多媒体技术，实行了以高校教师为第一主编、行业专家为第二主编的双主编制。2018年4月，在北京社会管理职业学院召开第一次系列教材编写研讨会议；2018年7月，在黑龙江民政职业技术学校召开第二次系列教材编写研讨会议；2018年10月，在北京社会管理职业学院召开第一次系列教材审定会议；2019年4月，在北京社会管理职业学院召开第二次系列教材审定会议。2019年12月，在北京社会管理职业学院召开第三次系列教材审定会议。2022年3月10日，由于疫情影响，以线上会议的方式召开系列教材推进研讨会，明确了教材最终出版的时间要求。踩住时间节点，强势推进工作，加强沟通协调，统一思想认识。我们在编写力量、技术、过程上尽可能地提高标准，旨在开发出一套理论水平高、实践环境真实、技能指导性强，"教师乐教、学生乐学、人人皆学、处处能学、时时可学"的教学与培训用书。殡葬系列教材编写一方面要符合殡葬职业特点、蕴含现代产业理念、顺应新时代需求、传承优秀传统文化，从而优化专业布局和层次结构；另一方面应体现"政治性""文化性""先进性"和"可读性"的原则，全面推进素质教育，弘扬社会主义核心价值观，培养德、智、体、美、劳全面发展的社会主义事业建设者和接班人。

希望此次系列教材的推出能够切实为职业教育殡葬专业师生及行业一线从业人员的学习研究、指导实践提供支持，为提高教育教学质量、规范教学内容提供抓手，为锻炼师资队伍、推动教育教学改革作出贡献，为发展产业市场、提升服务水平贡献人才。

在此特别感谢秦皇岛海涛万福环保设备股份有限公司、石家庄古中山陵园、天津老美华鞋业服饰有限责任公司三家单位，他们都是行业中的佼佼者。他们在积极自我建设、服务社会的同时，以战略的眼光、赤子的情怀关注和支持殡葬教育，为此次系列教材编写与出版提供资金支持。感谢化学工业出版社积极参与教材审定，推动出版工作，给予我们巨大的支持。

现代殡葬技术与管理专业教学指导委员会常务副主任委员
北京社会管理职业学院生命文化学院院长
何振锋

前言

个性化、多样化的殡葬仪式是尊重逝者、抚慰生者的重要治丧环节。随着经济的发展和社会的进步，公众对殡葬行业也提出了更高的要求，亟须提升殡葬从业人员的专业技能，借助其仪式策划与主持专业知识和技巧，满足人们不断增长的需求和提升行业的服务质量。

《殡葬仪式策划与主持》以实际操作为主线，系统地介绍殡葬仪式策划与主持的主要内容、方法和技巧，帮助读者掌握个性化殡葬仪式的策划方法和技巧。

《殡葬仪式策划与主持》首先界定了殡葬仪式策划与主持的工作内容，在介绍殡葬礼仪师从业要求的基础上，梳理了殡葬仪式策划的基础理论和主要内容，以及殡葬主持的基本技能。从基本模式和个性化策划方法角度阐述了殡葬仪式策划与主持的具体应用和工作方法，讲解了殡葬仪式策划与主持的实操技巧。

本教材既探讨了有关殡葬仪式策划与主持的概念、内涵、新趋势，又全面细致地讲解了个性化殡葬仪式策划与主持过程所运用的多种方法和技巧，采用任务的形式引导读者完成仿真工作任务；既可作为职业教育现代殡葬技术与管理、陵园服务与管理等专业的教学用书，也可作为殡葬礼仪师提升服务素质和服务水平的实用教材和辅导用书。

本教材由北京社会管理职业学院（民政部培训中心）亓娜、识水知生工作室姜笑担任主编，由孙树仁主审。具体编写分工如下：模块一、模块四、模块八由亓娜编写；模块二、模块六由徐颖编写；模块三由刘琳、董立波编写；模块五由赵然、王丹编写；模块七由曹丽娟、颜雯编写；模块九由董子毅编写；模块十由王德东编写；模块十一、模块十二由姜笑编写；模块十三由宣日平编写。同时，陈庆雷、齐晨晖、王艳华、宣日平、赵志国等行业专家为本教材提供教学视频、文献资料等。

本书的出版得到了化学工业出版社的大力支持，北京社会管理职业学院何振锋教授为本书的出版付出了很多精力，在此一并致谢！

由于时间和编著团队水平的限制，教材难免存在疏漏之处，请各位专家与同行不吝赐教。

编　者
2022.1

目 录
CONTENTS

理论篇

模块一 殡葬仪式策划基础 002
知识点一 殡葬仪式策划的基本概念 002
一、策划 002
二、殡葬仪式策划 004
知识点二 个性化殡葬仪式策划过程 006
一、策划的过程 006
二、策划书的撰写 007
三、殡葬仪式策划书撰写要领 008

模块二 殡葬司仪洽谈——主持素养 010
知识点一 殡葬司仪的基本素质 010
一、殡葬司仪的业务素质 010
二、殡葬司仪的职业素养 011
知识点二 殡葬司仪基本能力和技巧 013
一、基本能力 013
二、基本技巧 021

模块三 殡葬司仪的形象要求 028
知识点一 殡葬司仪形象的整体要求 028
一、仪容、仪表的概念 028
二、注重仪容仪表的意义 028
三、殡葬司仪对仪容仪表的总体要求 029
知识点二 殡葬司仪的仪容 030
一、殡葬司仪仪容礼仪的基本要求 030
二、化妆礼仪 031

实操篇

模块四　语言表达训练 ········· 034
- 任务 4-1　发音技法训练 ········· 034
- 任务 4-2　呼吸控制训练 ········· 039
- 任务 4-3　心理训练 ········· 044
- 任务 4-4　记忆训练 ········· 046

模块五　形体训练 ········· 050
- 任务 5-1　基本姿态训练 ········· 051
- 任务 5-2　柔韧性训练 ········· 055
- 任务 5-3　把杆训练 ········· 059

模块六　洽谈训练 ········· 061
- 任务 6-1　洽谈准备 ········· 062
- 任务 6-2　洽谈演练 ········· 071

模块七　护灵仪式 ········· 080
- 任务 7-1　护灵仪式策划 ········· 081
- 任务 7-2　护灵仪式准备 ········· 086
- 任务 7-3　护灵仪式主持 ········· 087

模块八　告别仪式 ········· 089
- 任务 8-1　告别仪式策划 ········· 090
- 任务 8-2　告别仪式准备 ········· 096
- 任务 8-3　告别仪式主持 ········· 104

模块九　入化纳灵仪式 ········· 107
- 任务 9-1　入化纳灵仪式的策划 ········· 108
- 任务 9-2　入化纳灵仪式准备 ········· 112
- 任务 9-3　入化纳灵仪式的主持 ········· 118

模块十　骨灰安葬仪式 ········· 120
- 任务 10-1　骨灰安葬仪式策划 ········· 121
- 任务 10-2　骨灰安葬仪式准备 ········· 126
- 任务 10-3　骨灰安葬仪式主持 ········· 133

模块十一　公祭仪式 ········· 136
- 任务 11-1　公祭仪式的策划 ········· 137

  任务 11-2 公祭仪式准备 ·· 139

  任务 11-3 公祭仪式的主持 ·· 144

模块十二 清明主题纪念活动 ·· 147

  任务 12-1 清明主题纪念活动策划 ·· 147

  任务 12-2 清明主题纪念活动准备 ·· 153

  任务 12-3 清明主题纪念活动的主持 ·· 156

模块十三 其他殡葬仪式 ·· 161

  任务 13-1 家庭祭奠仪式策划主持 ·· 161

  任务 13-2 入殓净面仪式的策划主持 ·· 167

  任务 13-3 暖衣和起灵仪式的策划主持 ··· 170

参考文献 ··· 174

理论篇

- 模块一　殡葬仪式策划基础
- 模块二　殡葬司仪洽谈——主持素养
- 模块三　殡葬司仪的形象要求

模块一 殡葬仪式策划基础

课程思政资源

殡葬仪式策划与主持包含着策划与主持两个行动领域,其中殡葬仪式策划又是殡葬仪式主持的前提和基础。殡葬仪式策划体现着策划者先进的理念和对殡葬行为的科学引领,因此,能将现代的生命文化思想和理念转化为具体的殡葬仪式方案,这是一种创造性的劳动。

知识点一 殡葬仪式策划的基本概念

 一、策划

(一)策划的概念

"策划"一词有广义与狭义之分。广义的"策划"是指策划的本性,即人类为达到某种目的,利用自己的智慧所采取的一种策略或谋划手段的过程。广义的策划运用于各行各业之中,且古今中外皆有范例。它有以下几个特征:第一,策划是为了达到某一目标,这是策划的前进方向,也是策划的动力;第二,策划是人的智慧和经验总结,这是区别于任何动物的特征,也就是为达到目标运用人类的经验和知识的过程,知识是策划的工具;第三,采用谋略或谋划手段完成既定目标,这是策划的方法。

狭义的策划是指人们为推动经济发展,为现代工商企业或组织机构所进行的一种获利性活动,狭义的策划主要运用于当今企事业中。它有以下几个特征:第一,它也是为达到某一目标,只是这个目标是限定在经济领域内;第二,它的对象是工商企业和一些组织机构,即现代社会组织;第三,目的是为这些社会组织获得利益,也许是社会效益,也许是经济效益,是一种获利性的活动;第四,采用的方法是掌握政策、法律等,为现代企业策划,且必须掌握现代文化科学知识。

广义的策划无处不在,无处不有,在人类社会的每个角落都充满了策划,有人的地方就有策划,从某种意义上讲,懂得策划正是人与动物的本质区别。广义策划运用于政治、军事、文学、艺术、宗教、生产、生活等领域,策划的存在是人类理性的重要标志,符合人类社会发展规律的策划,为人类社会发展发挥着重要作用。在政治、经济、文化等

活动中，好的策划一般都会获得巨大的经济和社会效益，这正是人们为什么要运用策划的原因。我们所讲的策划，显然已经与广义的策划有所区别了，殡葬仪式策划属于狭义的策划。

策划分为策略方案的思考与计划编制两个过程。策略思考又称策略性思考，指的是为达成某种设计而编制具体行动计划的过程；或为达到某种特定的目的，对所需采用的方法论的思考与设计。计划编制是指按照已经确定的方法论，编制具体行动的计划的过程。策划有以下几个主要的特点。

① 策划具有目的性。殡葬仪式的策划都有一定的立足点和出发点，是为了达到某种目标而进行活动。

② 策划具有前瞻性、预测性。策划是人们在一定思考以及调查的基础之上进行的科学的预测，因此具有一定的前瞻性。

③ 策划具有一定的不确定性、风险性。策划既然是一种预测或者筹划，就会具有不确定性或者风险。

④ 策划具有一定的科学性。策划不是一种突发奇想，而是在人们调查总结的基础之上进行的科学的预测和筹划。

⑤ 策划具有创造性。策划是人们智慧的结晶，是一种思维的革新，具有创意的策划才是真正的策划。策划的灵魂就是创意。

⑥ 策划具有可操作性。可操作性是策划方案的前提，如果一个策划连最基本的可操作性都没有，那么这个策划方案即便再有创意、再好，也是一个失败的策划方案。

（二）策划的元素

策划是人们思想的系列活动，并把思想转化成可度量的行为和结果，其主要意义是让人们高效地把思想转化为结果。策划的元素，即策划"五知"：知识、感知、知音、相知、知风。

1. 知识

策划人通过与人们交流、学习和了解人类认识自然和社会的成果或结晶（包括经验知识和理论知识），能提升自己的能力，从而准确地辨识事物及其规律。它具体主要包括策划人的能力、经验、观念、态度。它是指策划人提供给思想的战略、战术、经验的资本，包括思想的积累、交流、判断、目标、表达、方式等因素。

2. 感知

感知是指策划人建立在知识的基础上，通过感官系统去发现及认同自然和社会规律的存在，特别是对合作群体的认识和认同。它主要包括策划人的观察能力、聆听能力、审美能力、沟通能力。它是策划人制定思想的战略、战术的基础，也是策划人所追求的策划收益回报基础。

3."知音"

"知音"是指策划人建立在感知的基础上,通过科学系统地去分析及判断自然和社会发展的趋势,并把这种趋势充分融入自己的思想体系,让其为自己的思想服务。它主要包括策划人的分析能力、想象能力、判断能力、决策能力。它是策划人实施思想的战略、战术的核心所在,是策划人对自然和社会资源利用效益的重要指标。

4."相知"

"相知"是指策划人建立在"知音"的基础上,把自己的策划思想分享给人们,让人们认识和认同策划思想,并自愿执行相关动作。它主要包括策划人的人格魅力、权力影响、态度取向、个人威信。它是策划人对自然和社会的思想效益的体现。

5."知风"

"知风"是指策划人要时刻关注自然和社会的变化,看其是否与策划思想相左,给策划思想带来什么风险,并采取有效措施控制风险。这是策划人把思想转化为结果的监控过程,包括实现思想的方式、周边环境、思想交流、实施思想的环节等。

二、殡葬仪式策划

(一)殡葬仪式的含义

殡葬是人生礼仪的终结。当一个人走完人生旅途,最终告别社会时,亲戚友人要哀悼、纪念、评价亡人,寄托哀思。丧葬包括殓、殡、葬、拜、诵、哭泣等一系列的礼仪。

(二)殡葬仪式策划的概念

1.殡葬仪式策划的相关内容

随着社会的日益发展,人们的生活观念和思想观念也在不断变化,公众对葬礼都有较高要求,人们也越来越需要"葬礼策划"服务。殡葬仪式策划是指为了让逝者有尊严地离开,满足生者追思悼念需要,而由专业人员借助一定的科学方法和艺术,为决策、计划而构思、设计、制作逝者葬礼策划方案的过程。

2.殡葬仪式策划的分类

(1)一般殡葬仪式策划　一般殡葬仪式策划是指向绝大多数客户提供的经典的、通用的、基础的殡葬仪式策划活动。

(2)个性殡葬仪式策划　个性殡葬仪式策划是相对于一般殡葬仪式策划而言的,是指向少数客户提供的现代的、专用的、可选的、体现客户特殊需求的殡葬仪式策划活动。

3.殡葬仪式策划的基本原则

（1）尊重生命　殡葬仪式策划是为人生画上圆满句号的活动，也是为人生提供最后一次服务的活动。尊重生命就是要善待逝者，其实质是对生者（尤其是逝者的亲朋）一种体面的对待，达到"死者安息，生者慰藉"的效果。可以说，善待逝者就是善待生者，就是善待每一个人的未来。

（2）客户意愿　客户是上帝，这是殡葬仪式策划工作的出发点和落脚点。想客户之所想，急客户之所急，解客户之所惑，供客户之所需，是殡葬仪式策划人员的服务宗旨。策划人员在开展策划活动时一定要与丧主积极沟通，了解客户需求，充分尊重客户意愿，根据客户意愿提出策划方案，切不可将自己的想法强加给客户。

（3）庄重文明　移风易俗是社会主义精神文明建设的重要内容，党和政府一直大力倡导和积极组织全社会开展移风易俗活动，破除旧社会遗留下来的陈规陋习，建立新的社会风尚。殡葬仪式策划人员在移风易俗的殡葬改革中要发挥组织者、宣传员、引导员的作用，在策划活动中大力宣传科学殡葬知识，提倡庄重文明办丧事。

（4）绿色环保　随着社会的发展、人口的增长、资源的锐减和环境的恶化，引发了殡葬业的一场以解决遗体处理与人类生存环境矛盾为核心内容的崭新的革命——绿色殡葬。绿色殡葬把生态和可持续发展思想纳入殡葬改革之中，是殡葬的理论创新与新实践。殡葬仪式策划人员在策划过程中要充分运用先进科学技术、先进设施设备和先进管理理念，以促进殡葬安全、生态安全、资源安全和提高殡葬综合效益的协调统一为目标，以倡导殡葬标准化为手段，推动人类社会协调、可持续发展的殡葬模式。

4.殡葬仪式策划的主要功能

（1）保证殡葬仪式有序　丧主刚刚失去亲人，会沉浸在悲痛之中不知所措。殡葬仪式策划人员通过与主家属沟通，安排治丧流程，并填写治丧日志表，能够让亲友清楚了解后续安排以及注意事项。殡葬仪式策划人员安排好每天要做的事情，通知参加的人员，准备所需场所和物品，能够保证殡葬仪式活动有序进行。

（2）逝者生命价值得以升华　通常人们表达对过世亲友的缅怀是在追悼会上诵读一篇回顾其生平的文章，形式比较简单，也无法让参加追悼会的亲朋好友更多地了解逝者。通过殡葬仪式策划活动，如充分发挥多媒体的作用，制作一部人生小电影，内容包括逝者生平介绍，与之相配的照片或影视，是展示逝者美丽人生的最好的载体。它浓缩了一个人的一生，简洁、凝练，而又直观，可以给参加追悼会的亲朋好友留下深刻的印象，使逝者的生命价值得以升华。

（3）满足丧主治丧需求　中国传统的"事死如生"和"让生者慰藉，让逝者安息"等理念，反映的都是殡葬的精神需求或心理需求。以人为本，慰藉生者、善待逝者的殡葬消费就是一种满足殡葬精神需求或心理需求的过程。在当前，这种精神需求变得尤为突出，殡葬仪式策划活动能够充分满足客户的治丧需求。

知识点二　个性化殡葬仪式策划过程

一、策划的过程

策划方案是策划成果的表现形态，通常以文字或图文形式呈现。策划方案起始于提案者的初始念头，终结于方案实施者的手头参考，其目的是将策划思路与内容客观地、清晰地、生动地呈现出来，并高效地指导实践行动。

按照其不同用途与所突出的内容，将策划方案分为三个阶段的形态，即客户提案、可行性方案和执行方案。

（一）客户提案阶段

客户提案也称"策划提案"，是初步构思、建议的阶段，也是策划方案获得客户、上级部门或其他对象认可的第一步工作。在这个工作中，提案者通过简单的书面沟通，传递大致的建议内容，并希望获得提案对象的肯定性回复，以便于深入地开展策划工作，进入可行性方案设计阶段。

（二）可行性方案阶段

可行性方案是策划工作进入可行性研究、分析阶段，以书面报告形式出具的策划成果，也是策划流程的第二个步骤。一般来看，"可行性"是任何方案提议者和提议对象所期待的目标。框架科学合理、见解独到、功效显著的可行性方案将是客户提案的升华。视策划内容的不同，可行性方案的篇幅也由数千字至数万字不等，其主要表现形式一般为图文报告加摘要式PPT（或视频）。除了文本，由讲述人对可行性方案进行生动讲解，也是非常重要的一个方面。

（三）执行方案阶段

执行方案是策划工作经过了客户提案阶段、可行性方案获得一致肯定后，进入立项实施阶段的方案表述。执行方案与前两者所不同的是，它具有非常强烈的计划性和实务性，即十分具体地交代了工作的步骤、样式，并对总体目标进行了逐一分解，是方案实施的唯一参考书。

二、策划书的撰写

策划书应包含以下内容。

（一）策划书名称

尽可能具体地写出策划名称，如"×××殡葬活动策划书"，置于页面中央，当然也可以写出正标题后将此作为副标题写在下面。

（二）活动背景

这部分内容应根据策划书的特点在以下项目中选取内容重点进行阐述，具体项目有：基本情况简介、主要执行对象、近期状况、组织部门、活动开展原因、社会影响及相关目的动机。

（三）活动目的、意义和目标

活动的目的、意义应用简洁明了的语言将要点表述清楚，在陈述目的要点时，对于该活动的核心构成或策划的独到之处及由此产生的意义都应该明确写出。活动目标要具体化，并需要满足重要性、可行性、时效性。

（四）资源需要

列出所需人力资源、物力资源，包括使用的场所、车辆、物品等，可以分列为已有资源和需要资源两部分。

（五）活动开展

作为策划的正文部分，表现方式要简洁明了，使人容易理解，但表述方面要力求详尽，写出每一点能设想到的东西，尽量减少遗漏。在此部分中，不仅仅局限于用文字表述，也可适当加入统计图表、效果图等。对策划的各工作项目，应按照时间的先后顺序排列，绘制实施时间表以助于方案核查。人员的组织配置、活动对象、相应权责及时间地点也应在这部分加以说明，执行的应变程序也应该在这部分加以考虑。

这里可以提供一些参考方面：会场布置、接待室、合同协议、媒体支持司仪、会场服务、电子背景、灯光、音响、摄像、信息联络、技术支持、秩序维持、衣着、指挥中心、现场气氛调节、接送车辆、活动后清理人员、后续联络等。可以根据实情自行调节。

（六）经费预算

活动的各项费用在根据实际情况进行具体、周密的计算后，应用清晰明了的形式列出。

（七）活动中应注意的问题及细节

各方情况的变化，不可避免地会给方案的执行带来一些不确定性因素，因此，当情况变化时是否有应变措施,损失的概率是多少,造成的损失有多大,有何应急措施等也应在策划中加以说明。

(八) 活动负责人及主要参与者

策划中应注明组织者、参与者、嘉宾、单位等。

三、殡葬仪式策划书撰写要领

(一) 一般殡葬仪式的策划

一般殡葬仪式包括:

① 小殓:为遗体净身整容,穿上寿衣。

② 报丧:正式通知远近各处的亲友死亡时间、情况和葬礼安排。

③ 奔丧:亲友携带礼品、礼金、挽联、花圈等从各地来参加葬礼。

④ 停灵:将遗体停放在灵堂,等待各地前来奔丧的亲友。

⑤ 守灵:已在场的亲友,尤其是逝者的晚辈在灵堂轮流守护逝者,接受亲友的吊唁。

⑥ 大殓:当着家属的面,将逝者移入棺材。

⑦ 出殡和下葬:将棺材(或骨灰)送到墓地安葬。

(二) 个性化殡葬仪式的策划

个性化殡葬仪式的策划,要拟定主题——中心思想,围绕主题进行音乐、布置及环节的个性化设计。

1.殡葬音乐个性化

传统殡葬音乐几乎都是单一的哀乐,而现在很多家人都会选择逝世亲人生前喜好的音乐。例如,一位山水画家老师逝世后,家人请了民乐队在殡礼过程中演奏其生前喜爱的《高山流水》,非常契合其身份,气氛也显得十分和谐。

2.礼厅布置个性化

近几年,人们在礼厅的布置上更加侧重于突出逝者生前的特点与喜好,如帷幔的布置、花篮造型的设计等,用环境作衬托,来表现家人对逝者的眷念和不舍。

案 例

案例1

有一个5岁的小朋友不幸夭折,家人悲痛万分,但是在如何设计殡葬礼厅时家人一时拿不定主意,在殡葬策划师的帮助下,最后殡葬礼厅被布置成了一个儿童乐园的样式,家属看了非常满意。

案例2

一位音乐教授去世后，殡仪馆的策划师为他设计了极富个性的礼厅布置，将教授生前喜欢的留声机、沙发放在礼厅里，还在追悼会上让教授的学生唱教授生前的歌曲。人们在场景的渲染和缓慢的歌声当中，回顾教授的音容笑貌和师德，获得了很深的感悟。

3.其他细节的个性化

其他细节的个性化虽没有特定的模式，但表现也多种多样。

案 例

英国17岁少女唐娜·肖因患上骨癌，时日无多。得知自己将不久于人世，唐娜在经历了短暂的意志消沉后，决定选择有尊严地离开。她勇敢面对死亡，积极治疗的同时开始亲自筹划自己的葬礼。她写下所有细节。她指定6个人届时抬棺材，他们是家人或朋友。她选好了葬礼上播放的歌曲，还选了一段要在葬礼上播放的她的视频，连葬礼用花她也指定了颜色。唐娜打算身穿她给母亲再婚当伴娘时穿的服装下葬，旁边要摆上自己最喜欢的玩具。她要求参加葬礼的男士全部打上粉色领带，因为那是她最喜欢的颜色。她要求葬礼后实行火葬，然后把骨灰撒在布莱顿码头的海中。

模块二
殡葬司仪洽谈——主持素养

课程思政资源

司仪也称为主持人,是将主题、嘉宾、程序及目的和听众有机地联系起来的工作人员。司仪在古代也是从事主持这一主要工作的,《周礼·秋官》有:"司仪掌九仪之宾客摈相之礼,以诏仪容、辞令、揖让之节。"《现代汉语词典》中对司仪的解释是"举行典礼或召开大会时主持仪式的人"。殡葬司仪是专指从事殡葬礼仪活动主持的人。

知识点一 殡葬司仪的基本素质

一场殡葬礼仪活动能否成功,很大程度上取决于司仪的综合素质和现场发挥能力。司仪的工作主要围绕四个方面展开:一是联络殡葬单位和服务对象,明确殡葬活动的各种要求;二是参与活动方案的构思与撰写,承担细节筹办;三是导入、串联、收合殡葬活动各个环节,顺利推进活动程序;四是与殡葬活动参与者进行交流互动,营造仪式活动氛围。这就要求,殡葬司仪除具有通常意义上良好的职业素养、独立策划与主持能力、较强的口头表达能力、巧妙的人际沟通能力,以及敏锐的问题分析和临场应变能力外,还需要具备专业的殡葬知识和技能,如殡葬法规、殡葬文化、殡葬礼俗、殡葬仪式策划、殡葬文书写作等。总之,殡葬司仪较一般司仪工作难度更大,要求更高。

 一、殡葬司仪的业务素质

如我们所知,木桶由多个木板拼合加上金属箍固定形成,而木板的高低决定着木桶装水量的多少,往往最低的那个木板决定着水桶的最高水位,这就是有名的木桶理论。司仪的综合业务素质就像这个木桶一样,每一项业务能力的高低都会影响整体水平的发挥。因此,殡葬司仪只有勤于努力,不断提升自己各方面修养和能力,才能较好地完成殡葬活动主持工作,实现殡葬仪式的目的和意义。殡葬司仪应具备的业务素质主要有以下几个方面。

(一)应具备优秀的语言表达能力

司仪要口齿伶俐,语言通顺流畅,表达意思明确,尤其在表述较长篇幅的串场词时,更要如行云流水，一气呵成。为此，司仪一定要勤于练习语言基本功，加强吐字发音训练，掌握表达的分寸和节奏，要把话说好、说通、说顺、说精。

语言表达的分寸是要求司仪既不能和服务对象的心理距离拉得太远，产生居高临下之感；也不能和观众的心理距离靠得太近，无法起到引导作用。只有分寸把握得体，司仪才能与服务对象在情感上产生交流与共鸣；反之，就会出现情感沟通的阻隔与断裂，导致殡葬活动不能顺利完成或仪式氛围不突出等问题。

（二）应具备一定的临场应变和即兴发挥能力

临场应变和即兴发挥能力，是指司仪在活动主持过程中遇到突如其来的情况时，在客观条件允许的情况下，能够充分调动自己的主观能动性，从而做出迅速快捷的反应，即兴发挥个别环节或采用提前设定的预案化解危机。在告别、安葬等殡葬活动中，服务对象往往因失去亲人，情感一时接受不了而过度伤心悲痛，从而会引起各种突发情况，如情绪激动难以抑制，甚至是当场昏厥等。殡葬司仪要注意在工作中多积累经验，对各种可能出现的情况有较为周全的准备，才能冷静处理各种突发情况。

（三）司仪应具备个性鲜明的主持风格

主持风格是司仪思想品德、学识、举止、谈吐、能力、才艺、智慧、志趣和格调等的综合体现。对司仪来说，其风格是否独特鲜明，不仅决定着活动主持的成败，也限定了司仪未来的发展格局。或诗意、或庄重、或沉稳、或温柔的主持风格，都能够将服务对象和来宾带到司仪所营造的视听意境中，使其深深感受到殡葬活动的告别、追思、祈福等神圣、美好的氛围，也可以感受到司仪的人格魅力。

二、殡葬司仪的职业素养

司仪的职业素养主要有以下几个方面：良好的思想道德修养、良好的气质修养、丰富的知识储备、全面的能力结构。

（一）良好的思想道德修养

思想道德修养不仅是其本身人格塑造的重要方面，更是在行业扎根立足的根本。虽然思想道德是个人修养，没有法律的强制性，但言谈举止缺乏道德修养的人，很难与人建立良好的关系。司仪对事物的观点和认知，往往对服务对象具有一定的导向作用，这就要求其思想认识要具有一定的前瞻性和高度，以使服务对象认可，从而将殡葬活动的主旨完满地传导给听众。因此，司仪应不断提高自身的思想道德修养。

殡葬司仪还要谨守职业道德，不得做与殡葬行业规范相违背的事。职业意识指对于职业的理解与忠诚。殡葬是为生命服务的职业,是神圣的,这就要求殡葬司仪树立高度的职业意识,遵循"以人为本"的职业价值理念。

第一,尊重遗体。服务死者即服务于遗体及其骨灰盒,尽管死者无知,但这是一个生命过程尚未彻底完结的个体,也是其家属心目中的情感"寄托物",具有神圣意义,须真诚对待。殡葬司仪在面对遗体时,仪态上应恭谨庄重,表现出对生命的尊重与敬畏,做到"事死如事生、事亡如事存"。

第二,理解丧属。殡葬司仪要理解丧属,特别是面对亲人突然死亡的丧属,要理解他们的悲痛,懂得他们的心情,要站在服务对象的立场上进行关怀体贴,提供服务。

第三,了解丧属的亲友及来宾。治丧过程中的亲友及来宾是一个复杂的人群集合体,他们来自不同的社会阶层和地域,在职业、收入、信仰、阅历等各方面千差万别,这些会影响到他们对治丧服务的判断与理解,并可能对提供的服务性质、流程、必要性或合理性提出一些见解或批评,甚至是指责。因此,殡葬司仪就要对职业有专业性的见解,并以宽广的包容心和耐心回应他们的疑问和要求。

(二)良好的气质修养

气质所表现的是一个人的内涵和人格魅力。人格魅力体现在许多方面,如修养、举止行为、待人接物、说话方式等,所表现出的气质也有谈吐高雅、温文尔雅、品行高洁、豪放大气等多种。气质不是一蹴而就的,而是个人长期形成的思想境界与文化修养的自然流露,需要持之以恒地培养。许多人相貌并不出众,但在他们的身上却洋溢着认真、宽容、聪慧、敏锐,这便是气质美。作为殡葬活动的中心人物,司仪更要有端庄稳重的气质修养,做到举止得体、谈吐文雅、落落大方,充分展现殡葬礼仪的风范和风华。

(三)丰富的知识储备

殡葬活动主持是否令人认可,很大程度上取决于司仪对活动的性质、要求、规范、流程的掌握程度和人文修养的高低。要想具有较高的人文修养,就需要司仪在工作中不断积累殡葬文化知识,掌握殡葬礼仪活动流程,熟练拟写挽联和祭文等殡葬应用文等。此外还需要学习一些相关学科知识,如历史学、文学、伦理学、心理学、美学、营销学、法学等,将各学科知识网络化、系统化,做到举一反三,活学活用。这对司仪业务水平的提升和个人长远发展尤为重要。

(四)全面的能力结构

一个殡葬司仪若想在职业生涯中站得高、走得远,很大程度上取决于其综合能力。因此,殡葬司仪应潜心修炼自己各方面能力,使自己具有良好的亲和力与沟通协调能力、流畅的语言表达能力和主持能力、较强的学习能力、杰出的策划能力、综合的写作能力、妥当的随机应变能力和突发情况处理能力等,以圆满完成活动全部环节,实现殡葬活动的目的——告别、安葬、追思等。同时也能让自己在殡葬职业的发展之路上越走越远。

知识点二　殡葬司仪基本能力和技巧

一、基本能力

（一）理论知识方面

殡葬礼仪可帮助人完成最后一个人生关键节点，通过相对固定的流程，使生者对亡故者产生敬畏之心，并从精神上抚慰生者，为生者带来安慰。

因此，殡葬司仪要有较强的学习能力，以更好地追随殡葬改革发展步伐，与时俱进，为服务对象提供专业咨询解答，策划主持各类殡葬活动，传承优秀文化，倡导血脉亲情。殡葬司仪要能持之以恒地学习专业法规、政策、知识，养成读书习惯，广泛涉猎殡葬文化、礼俗、礼仪、文书等专业书籍，以及心理学、营销学、管理学、美学等相关学科知识，学习行业内其他单位和个人的成功经验，适时参加技能培训，不断学习以提高自己的思想修养、文化素养以及沟通能力、策划能力、写作能力等，使业务水平得到全面提升，更好地完成殡葬服务，传承生命文化。

值得注意的是，在众多专业知识中，中外殡葬文化、国内殡葬礼俗和殡葬仪式流程对于司仪来讲尤为重要，只有熟练掌握这三方面的内容，司仪才能策划出符合逝者社会文化、礼俗的殡葬仪式活动，各项流程才能有所依据，顺理成章。殡葬仪式具体流程，将在本书后续实操模块具体说明，下面仅就殡葬文化、殡葬礼俗予以说明。

1.殡葬文化

所谓殡葬文化，可以理解为殡葬领域的文化，是围绕死亡事件而产生的文化，包括殡、葬、祭三大主要板块，可将其分成思想文化、物质文化、精神文化、制度文化四大部分。

世界上其他国家也因为各自不同的背景而形成独有的文化，殡葬文化即是社会文化的缩影，记录着历史的变迁。如西方一些国家比较尊崇宗教葬礼，在牧师的诵经和祈祷下，完成人生最后阶段，进而进行下葬。丧属也会用比较平静的方式送走亲人。

因此，殡葬司仪只有先充分了解中外殡葬文化和殡、葬、祭各部分仪式活动中人们的行为内涵，才能根据服务对象的国籍、文化、性格、心理等需求，策划和主持满足服务对象需求的殡葬活动。

2.殡葬礼俗

风俗是指在特定的社会文化区域里，人们历代所共同遵守的行为规范准则。"风"是因自然条件的不同而造成的行为规范差异；"俗"为社会文化的差异所造成的行为规则差异。

风俗是多样的，因地域和环境的差异而有所不同。

殡葬礼俗属于民间风俗的一部分，是指在一个国家或民族中由民众享用和时代传承的殡葬礼仪习俗的统称。纵观历史，殡葬礼俗习惯来自于民众，传承于民众，又深藏在民众的心里，规范着民众的殡葬行为。所谓"千里不同风，百里不同俗"，殡葬司仪只有较为全面地了解各地不同礼俗，才能因地制宜，准确地解答服务对象的咨询，设计活动流程，策划仪式活动等。

（二）语言表达方面

主持能力是司仪最核心的一项能力。殡葬司仪的主要工作就是主持告别、安葬、祭祀、追思等仪式活动。因此，司仪要熟悉各类殡葬活动流程，能灵活自如地将仪式环节串联起来，并形成具有特色的主持风格。为此，殡葬司仪在工作中应加强学习意识，不断积累工作经验和相关素材，锻炼语言表达能力和临场应变能力，提高策划和写作水平，以加强个人综合业务素质。在我国，掌握汉语语音特点，并了解基本语言学常识是专业司仪的必修课。

1. 普通话的概念与语音特点

普通话即现代标准汉语，以北京语音为标准音，以北方话为基础方言，以典范的现代白话文作为语法规范，是通行于中国及海外华人华侨间的共通语言，并作为官方、教学、媒体等标准语。

普通话语音系统主要包括声母、韵母、声调以及音变等。普通话有声母21个，韵母39个，声母和韵母相拼形成400多个音节，有阴平、阳平、上声、去声4个声调。

音节是用听觉可以自然区分的语音结构的基本单位。在汉语中一般一个汉字的读音即为一个音节。如"北京话"，写出来是三个汉字，读起来是三个音节。音节由声母、韵母构成，每一个音节一定由声调贯穿始终。一个音节可以没有声母，却不能缺少韵母和声调。普通话语音的儿化韵，如"花儿"有两个汉字，但只是一个音节，这是特殊语音现象。

音素是语音的最小单位，分为元音和辅音。普通话语音有32个音素，普通话音节由1～4个音素构成。元音发音时呼出气流较弱，且在口中不受明显阻碍，声带颤动，声音响亮，普通话中有10个元音音素。辅音发音时呼出气流较强，且在口腔中明显受到阻碍，大部分辅音发音时声带不颤动。

2. 汉语社会变体及其类别

人们由于性别、年龄、地位、职业、信仰及文化程度等社会因素的不同而分属于不同的社会群体，不同社会群体在语言表达方式上的差异叫社会变体，也叫社会方言。它主要分为以下几个类别。

（1）性别变体　男性和女性在语言习惯、语言能力和语言运用上都有一定的差别，这是由生理、心理和社会三方面的因素综合产生的。女子说话习惯，比较多地使用带征询口气的疑问句、感叹句和多种委婉方式，女性通常比男性更多地倾诉个人情感；男性更倾向于表达对问题的观点，并提供解决方案。

（2）年龄变体　语言在时间上的差异造成语言的年龄差异，即使用同一种语言的同时代的人，因年龄不同，在使用语言上也有差异。具体到方言、普通话时，语言调查研究发现，年龄变体在生活节奏较快、求新心理较强的城市的差异相对要比农村地区的大一些，而且在社会变革剧烈的年代，差异也会大一些。典型的年龄变体表现在青年变体和中老年变体中，特别是在用词用语方面，青年变体中有大量的新词，体现了年轻人创新和求新的心理。

（3）行业变体　社会分工形成了不同的行业群体，群体内部由于特殊的交际需要，形成了自身行业词汇的特点。

专业领域内通行的语言变体一般没有排他性，随着科学知识的普及和社会的发展，很多科技术语和职业用语被吸收到共同语即普通话里，成为日常的交际用语。例如，"亮相""短平快""二传手""时间差""黑哨""点球"等，已成为人们日常使用的词语。

（4）阶层变体　由于社会阶层不同而形成了各种社会变体，如工人变体、农民变体、知识分子变体等。知识分子一般使用标准变体，常用书面语，人们常说的"学生腔""知识分子腔"就属于阶层变体。

（5）社区变体　反映某个社区政治、经济、文化的特有词语，称为社区词语。如"两个文明""四个自信""两个维护""活雷锋""下海""下岗""经济特区""万元户""房改""机构改革""国企"等。

3.口彩的使用

口彩就是人们所常说的吉利话、吉祥语，是利用语言的谐音和一些事物的特性，人为地加以创意，从而获得新的寓意，来寄托人们某些良好的心理愿望。它反映了人们对美好生活的追求和向往，以及对亲人朋友的祝愿，是人生价值观的间接反映，一般用于传统的隆重场合，如逢年过节、婚丧嫁娶等。

这类口彩用于特定场合，取代日常说法，可分为直言式和替代式。用殡葬方面词语举例，直言式如"寿衣"表示对逝者的缅怀和尊重；替代式如金黄色绸缎颜色如金，白色绸缎如银，有富贵之意，因此在殡葬礼俗中有将黄、白色绸缎制成薄被铺盖在逝者身上或骨灰上的习惯，也会将绸布称为"金银被"，而不称黄绸或白绸。

我国历史文化源远流长，口彩多用于以下六类情况：图吉利、添喜庆、显幸福、求财富、喜长寿、祈祷后嗣昌盛顺遂等。如一般安葬或祭祀仪式结束，司仪往往以"×××先生/女士的安葬仪式到此完成，祝福众亲友礼法有本、事业兴旺、满门清吉、万世荣昌，请各位挚友亲朋自由祭奠"等祈福性语句结束，仪式过程中在请家属三献礼时，也会有相应的口彩，以彰显逝者生前功德及后辈子孙孝敬。

4.行业忌讳语

行业忌讳语即一般所说的禁忌语。例如亲人间不能分食一个梨，就是为了避免"分离（梨）"；在一些地方人们讨厌"4"这个数字，因它同"死"谐音；"钟"与"终"同音，所以不能给人送"钟"作为礼物。这种语言禁忌与讨口彩一样，也是人们对美好生活的渴望，对不祥事物的回避。

（1）语讳的类型　避讳语是禁忌语的替代形式，在比较隆重的场合如逢年过节、婚丧嫁娶等，或者特别讲究、庄重的场合如过寿、典礼等，就要注意不能使用犯忌讳的话语，以免扫兴或不欢而散。由于语讳现象关系到言语交际原则的运用，因此，在日常言语交际中，司仪更不可粗心大意，否则，势必影响交际效果，乃至引起服务投诉。在长期的语言使用中，逐渐形成了替代禁忌语的形式，主要有以下三种类型。

语音避讳。由于语言中有同音现象，在不同的历史条件下，会出现一些禁忌现象，避免犯忌讳的办法之一，是把同音字变为不同音。例如，"正月"的"正"字由去声改读阴平，就是古代为了避免与秦始皇嬴政的"政"字同音。

词语避讳。在语言中，一些词语听起来欠文雅，因此一些替代说法纷纷产生。例如，用"有喜了"代替"怀孕了"，用"不舒服"代指"生病"，"走了"代表"过世"等。

文字避讳。历史上，南宋用"今"代替"金"字，明用"原"代替"元"字等。

（2）语讳的使用　根据我国语言文字使用习惯，语讳主要有以下五个方面。

图吉利。人们普遍忌讳使用不吉利的字眼，如"死"，一般代替"死"的说法有"不在了""过世了"等，可用于口语和书面语。而"仙逝""仙去"等，是更委婉的用语，多用于书面语。

尊权威。中国古代，有关人名的忌讳很多。例如，位于今山西的"恒山"，在汉代改名为"常山"，原因是汉文帝的名字是"恒"。

尚文雅。传统上，有些表示人体部位及生理现象的词语，如"屁股"，被视为猥亵或者肮脏，因而产生了一些替代说法，人们会用"臀"字代替，一直沿用至今。

避人短。在现代社会，人们越来越注意文明用语，对于有违反伦理道德的表达，逐渐被淘汰，如用"盲人"取代"瞎子"等。

忌恶名。历史上，对于一些令人深恶痛绝的人的名字，是极其忌讳的，因此，与这类恶名相同的字就会被改换。例如，唐肃宗痛恨安禄山，当时郡县名字中的"安"字，被改换为"保""顺"等。

5.中国传统的殡葬语言

殡葬语言在延续了上千年后既有继承也有发展。传统殡葬语言是古代农业社会中所使用的；现代殡葬语言则是古代殡葬语言在现代社会的变化与改良。殡葬司仪在了解现代殡葬语言时，也应当熟悉这些传统殡葬语言，因为它们今天还在被大量地使用。

（1）对死亡的称谓　对于死亡，会因社会地位、死法不同，以不同的词语称之，含义也不完全相同。

第一类，属于自然色彩的，如死、亡、殁、夭、殇、归寿、寿终、百年、殒命、走了、去了、善终、谢世、绝气、咽气、气数已尽、气散、归天、不讳、夭折、夭昏、早逝、辞世、见背、作古等。

第二类，属于国家政治色彩的，如"天子曰崩，诸侯曰薨，大夫曰卒，士曰不禄，庶人曰死"。

第三类，属于道家色彩的，如：归室、归天、长眠、长往、丧元、升天、千古、驾鹤、羽化、顺世、登仙、登题、迁形、隐化、玉楼赴召、逝（世）等。

由于"死"的替代词汇丰富，直接用"死亡"一词的情况反而不多。

（2）对死亡事件的称谓和解释

寿终：自然死亡。《释名·释丧制》："老死曰寿终，寿，久也；终，尽也。生已久远，气终尽也。"

终正：旧谓年老在家自然死亡。正寝：旧指住宅的正室，为长辈居住之处。如果是女性，则称寿终内寝。内寝，指住宅堂屋后面的房间，喻指妇女居住之室。

疾终：死于疾病。

夭折：短命早夭。《释名·释丧制》："少壮而死曰夭，如取物中夭折也。"

夭逝：同夭折，短命早夭，民间亦谓为短命。

享寿：敬辞，称死亡的人存活的岁数。习惯上称卒年六十以上者为"享寿"，不满六十者称"享年"，三十以下者称"得年"。

不得其死：不得正常死亡。

中国人称父死为"严制"（父亲去世，家人在家遵守丧制），母死为"慈制"，通常写在一张白纸条上，贴于门侧，取男左女右（立于门对外而定），以告知邻里，此家有父丧或母丧。

（3）葬礼仪操办主持者专用名称

祝：古代掌管祭祀祝祷等事宜之官。

襄礼：举行婚丧祭祀之礼时，协助主事者完成仪式。也用以称呼担任这种事情的人。

赞引：赞礼并引导，相当于"襄仪"。

执事：从事工作，亦称执事人，相当于"襄礼"。《周礼·天官冢宰》："九曰闲民，无常职，转移执事。"

（4）古代葬礼仪程序专用语

初终：指在人气绝前后时段举行的礼仪，有"属纩"之举，就是将丝绵置于临终者的口鼻之处，看是否落气。

复：古称人死后有招其魂归来之礼，称为"复礼"，有希望逝者复生的意思。

设床：在地上铺垫席，移尸于地。

沐浴：给遗体洗浴，让逝者干净地去往另一个世界。

含：逝者入殓时，把米、贝、钱、珍珠等物放置于死人口中。

铭：竖在灵柩前的旗，标有逝者官衔和名。

重：丧礼中死者牌位未雕刻出，以木代替，悬之中庭。礼毕将"重"埋掉或烧掉。

小殓：为逝者穿上寿衣。

大殓：将穿好衣服的尸体移入棺木。

成服：大殓之后，亲属按照与逝者血缘关系的亲疏穿上不同的丧服。

朝夕哭：亲人去世后早晚至灵前哭泣。

卜葬日：用占卜的方式选定下葬的日期。

启：把灵柩送到墓地去，又称"出殡"。

祖奠：出殡时于车之前的祭奠。

行次奠：在送葬路上祭奠。

卜宅：在墓穴前占卜定吉凶。

设灵：下葬前设立祭品祭奠。

告迁：向土地神禀报入葬事情。

虞祭：既葬之后的祭祀，有"葬日而虞"之说。

卒哭：卒哭祭为终止"无时之哭"的祭礼。佛教进入后逐渐以"百日祭"代称，"卒"是"结束"的意思。

小祥祭：去世满周年的祭礼，一般十三个月时举行小祥祭。

大祥祭：去世满两周年举行的祭礼，一般二十五个月时举行大祥祭。

禫祭：除丧服之祭，一般在二十七个月时进行祭祀，从此脱去孝服，完全回归丧期之前生活。

祔祭：奉新逝者的木主于祖庙与祖先的木主一起祭祀，一般在百日祭的第二天进行。

6.现代殡葬礼仪语言

在殡葬礼仪的操作过程中，传统殡葬用语有了很大改变。通常殡葬司仪要用到以下专用词汇。

请参加葬礼的来宾进入葬礼场地行礼时：恭请（孝眷、家属、领导、主奠、陪奠、与奠、主祭、陪祭、与祭等）灵前就位。

请参加葬礼的人为逝者静默哀悼：请默哀、哀毕。

请参加葬礼的人于逝者灵前行礼：灵前上香、灵前行礼、灵前敬献。

请参加葬礼的人于逝者灵前行拜礼：拜、再拜、三拜。

请参加葬礼的人于逝者灵前行鞠躬礼用语：一鞠躬、再鞠躬、三鞠躬。

指导孝子（女）下跪行礼：孝子（女）灵前下跪，兴（或请起），请回位。由于是孝子（女）对父母尊长行礼尽孝道，是否使用"请"字，可视语言和实际情况而定，对来宾一定要使用"请"字。

仪式过程中用音乐用语：请奏乐、乐毕。

某个程序完毕用语：礼毕、请复位。

礼仪完成用语：礼成。

指导家属灵前行礼时常用语：灵前就位、上香、献果（茶、馔）、敬献花篮、请跪、一叩首、再叩首、三叩首、请起、请回位、请节哀等。

（三）文书写作方面

人们在殡葬活动中常常通过专门的文书表达追思和悼念之情，如唁电、悼文、人物生平、主持词、祭文等。殡葬司仪作为殡葬活动的主持者，就要熟悉各类殡葬文书的写作，以便帮助服务对象草拟相关文书，或拟写主持词、策划书等，使殡葬活动更显庄重高雅，彰显逝者一生的功绩和美德。

所谓殡葬文书，就是指与殡葬活动有关的书面语言或实用文体。殡葬文书按治丧各个阶段来分，可分为举丧文书、治丧文书、悼念文书和祭奠文书。殡葬文书既是殡葬活动的产物，也是殡葬活动的书面记录，可谓是一部人类的史书，是祖先留给我们的巨大的宝藏，体现出人们对美德的赞颂，对血脉情感的珍惜，也折射出人生的真谛。

殡葬司仪提供殡葬文书服务时，要认真核准殡葬文书的具体内容，拟写常用的殡葬文书时做到不漏字、无错别字，满足不同殡仪服务对象的基本要求。殡葬司仪需要掌握以下几种殡葬文书的写作方法：唁电、唁函、慰问信（电）、挽联、讣告、悼词、主持词、答谢词、祭文、策划书等。其中殡葬仪式主持词和策划书是重点。

1. 主持词

如果把殡葬活动的各个单独环节比作散落的珍珠，那么，主持词就像丝线将这些独立的环节串联在一起，形成一条精致的项链。一篇吸引人的主持词，要注意：一是要突出活动主旨，使活动主题步步深化，丝丝入扣，不断将活动推向高潮，给参加活动来宾留下深刻的印象；二是主持词要贴近逝者身份，用词恰当，情真意切，能吸引观众；三是创意情景，制造氛围，让参与殡葬活动的丧属和来宾能充分感受到温馨的告别、追思氛围；四是合理使用修辞，适当添加诗词佳句，增加文化内涵和感染力。俗话说"诗乃心语，情乃诗魂"，只有动情的文字才能引起来宾的共鸣，司仪可在主持词中使用对仗、押韵等技巧，增添美感。

2. 策划书

策划书是司仪对殡葬仪式活动策划的表现和总结，是策划实施的指导依据和规范，要具有良好的可执行性。策划人一般根据实际需要和自己的文笔风格来撰写策划文案。一份完整的策划文案应具备以下几项内容。

（1）策划的目的、内容、背景（前言） 这是整个文案的最前沿部分，使读者一看就能了解这份策划文案的主要内容。在这部分内容里，可以概括地叙述这次活动的整个背景、目标主题等。

（2）参与对象 包括策划组织人、策划参与人、策划所涉及的对象、主办方、承办方及联系方式等。

（3）策划实施地点　指殡葬活动将在哪里举行。

（4）策划活动的时间　活动举行的具体时间。

（5）策划活动的缘由　为何要策划这个仪式活动。

（6）策划方法和实现形式　我们用什么样的方法进行策划，并以什么样的形式去实现目标效果。

（7）活动经费预算　举行这个仪式活动需要花费多少经费。

（8）策划结果预测　按这个策划书执行的仪式效果。

此外，为了完善策划书，司仪还可以根据服务对象的需要添加其他个性化的内容。以上内容可用文字、表格、设计图等样式进行体现，符合格式标准、规范，以可让服务对象看懂为准。

（四）策划方面

策划能力也是司仪的重要能力之一。殡葬司仪若想提高自己的策划能力，可从以下几方面着手。

第一，确定殡葬仪式的性质和主题。不同的仪式活动，有不同的仪式气氛要求，以达成形式美和内容美的统一。如告别仪式更多地要求庄重、肃穆，追思祭奠仪式更多强调唯美的怀念氛围。当然，这其中也不排除个性化需求。逝者及其家属的文化水平、宗教信仰、经济能力、社会地位、对治丧的价值取向等均有不同，这就要求殡葬司仪因人而异地确定殡葬活动的"主题"，即为仪式活动定调，再以此演化出气氛、场地布置、人员分工、花艺设计、道具用品等。

第二，进行场景设计和布置。场景指礼仪的现场设计或规模，场景是由一定的人、设置的物、进行一定的操作而构成的。通常，人们通过追求一定的场景即视觉效果来显示仪式的规模与逝者或丧属的身份。因此，场景的布设和逝者及其家属的文化水平、宗教信仰、经济能力、社会地位等因素息息相关，司仪要善于把握逝者和服务对象的信息，根据个人偏好设定活动场景。

第三，色彩使用要恰当。不同的色彩在心理学上有不同的寓意，在殡葬领域也有其特定的内涵，司仪要根据传统礼俗和逝者的年龄、性别、身份等背景情况选定场景的色彩。如逝者若是孩子可以选择明亮些的颜色，为场景营造一个童年的氛围；中年作家可能就需要选用比较沉稳的颜色，男性可选择藏蓝、墨绿等，女性可选用紫色、白色等。此外，一个殡葬活动的场景布置要有主色调，切勿色彩过多。

第四，注意时间和程序的控制。每一场殡葬活动都要有一个合理的时长，太短会让服务对象和来宾感觉仓促，不能充分表达悼念和哀思之情；太长又会显得仪式空洞、拖沓，影响仪式效果。将仪式的时间和程序控制合理，会让殡葬活动看起来饱满、充实，来宾注意力更为集中，从而取得更好的效果。

第五，要有一定的声音伴随。音乐可以帮助抒发情感，不同的音乐会将人们引入到不同的意境中。殡葬司仪要注意收集各类适合仪式的音乐，并有意识地对其进行区分，以适合不同身份的服务对象，更好地营造告别或追思氛围。

（五）突发应变方面

司仪在活动中起到串联程序、承上启下、渲染气氛的作用，其随机应变能力、即兴的语言组织表达能力、现场调动能力、与受众群体进行有效沟通的能力等都受到挑战。优秀的司仪必须具有强烈的现场意识和应变能力，在主持活动过程中能自然调动起服务对象的情绪，并驾驭活动朝既定目标发展。为此，司仪应提高应变突发事件的能力，在平时做好应对突发事件的充分准备，如面对突然停电、家属情绪激动难以控制等，要在思维中制定应急预案，以妥善应对。培养应变能力，要注意以下几点。

首先，要不断学习、不断创新。现在已经进入信息社会，各类知识广博且更新快速。这就需要司仪具备广博的学识和丰富的阅历，并且温故知新，推进理论探索和创新实践，在学习中领悟、创造，不断地勇于尝试，敢于挑战，其应变能力才会有所提高。只有这样才能厚积薄发，遇到紧急突发情况才能处置有礼、有节，尺度适当地化解"主持危机"，以高尚的情操、高雅的文化品位、积极的人生态度影响他人，影响周围的环境。

其次，应虚心求教，与同行多探讨、多交流。同行是最好的老师，同行间，每个人都有自己独到的见解和独特风格。这无疑是速成的捷径。要加强应变能力，就要和同行多交流、多探讨，取长补短，以拓宽自己的视野，丰富自己处理突发事件的经验。

最后，观念上、思想上、意识上要时常保持应变状态。"平静的海面练不出勇敢的水手"，司仪面对的客观事实是纷繁复杂的，特别是殡葬司仪面对的都是刚刚丧失亲人的服务对象，他们情绪要么激动，要么低落、悲痛，还有可能因此引发身体不适等各种意想不到的情况。面对这些可能出现的情况，作为殡葬司仪必须要在心理上、精神上进入"一级战备"状态，随时准备应对突发情况，在尽量短的时间内，采取有效应对措施，把控事态发展，尽量降低突发情况对殡葬活动的影响，促使全部活动流程按预定计划完成。

（六）其他方面

为更好地策划主持殡葬活动，司仪还可有意识地培养自己与职业相关的能力和爱好，如乐器演奏、花艺设计、毛笔书法、绘画等，在必要情况下便于充实服务对象对殡葬服务更多个性化的需求，为活动主持增光添彩，同时也提升自信。

二、基本技巧

（一）语言沟通技巧

受儒家文化的影响，中国人往往习惯"贬己尊人"，即言语交际中往往自我贬抑，如自己的儿子称"犬子",自己的父亲称"家父";而称对方的父亲为"令尊"。所以,人们都乐于接受轻松自然、互相尊重的谈话方式。殡葬司仪在与服务对象沟通过程中要讲究一定的技巧,才能取得服务对象的信任,获得更多的逝者和服务对象的背景信息,从而策划出更好的殡葬仪式方案。

1. 语言表达技巧

在互相沟通的过程中,司仪要有一定的语言表达技巧。

一是注意声调。同一句话,用不同的声调、在不同的场合说出来可能会表达出不同的甚至是相反的意思和情感。在与服务对象沟通中,恰当地运用声调是保证沟通顺利进行的重要条件。一般来说,善意与柔和的声调,表达坦率与友情;缓慢与低沉的声调,表达同情与关注;用鼻音发出的声调,则显示傲慢、冷漠或鄙视,往往引起对方的反感。在与服务对象沟通中,司仪要细心体会声调的微妙,学会正确运用声调,加强语言表达效果。

二是交流的话题要有积极意义,适合对方的知识范围、层次和当时的情境。语言要简练、突出重点,要表述得体,适合时宜。对长者要善用敬语,对先生、女士要谦恭有礼,对年少的要适当关照。适度赞扬对方,可融洽气氛,增加吸引力。但赞扬别人要真心真意,言由心生,不要凭空戴高帽。

三是言语委婉。语言表达方式多种多样,由于谈话的对象、目的和情景不同,语言表达方式也应有所不同。何时需要直率,何时需要委婉,要视服务对象性格特征而定。如果表达适当,即使批评的意见,也会使对方听着舒服,乐意接受;同样的交流,可以激起对方的兴趣和热情。

四是言语真诚。真诚是言语和态度真实诚恳,没有虚假,使彼此在和谐友好的气氛中进行沟通。此外,真诚还有另一层含义,就是避免过于客套和粉饰雕琢。礼让过度,反而给人一种虚假的感觉。

五是言语得体。得体是形容人的言语、行动得当,语言得体是指司仪在运用语言与服务对象沟通时,能根据交谈的目的和题旨,根据不同的文化、语体、沟通情况、服务对象性格和心理特征,以及表达方式的需要等因素,选择合适的词语,给人以确切、舒适、很有分寸的感觉。主持中的语言得体就是在殡葬活动主持中,以得当的姿态、恰当的言语,面对服务对象和来宾进行恰如其分的表达,给人以美的感受以及适当的心理抚慰感。

2. 语言要围绕主题

人们的语言沟通,必然起因于一定的动机和目的。不同的动机和目的,往往影响并决定着语言的组织方式。司仪在与服务对象沟通时,要紧密围绕主题开展,在交谈过程中起主导作用,注意获取重要信息,不要跑题或漫无目的地交流,那样不但浪费时间,还容易使沟通以失败告终。因此,选择、确定自己的话语必须注意自己的交际动机与目的。

3. 语言要适应听众

从一定意义上讲,只有听众才能判定司仪的语言沟通是否有效。因此,司仪在说话的时候，不能随心所欲，而要懂得换位思考，须站在服务对象的角度思考问题，用适合服务对象生活背景、思想层次、性格特征相和谐的方式进行沟通，才能达到预想的结果。简而言之，语言沟通就是要给目标、对象提供沟通的便利。无论措辞多么准确，声音多么柔和，如果对方听后不能理解，那么所说的话也都没有任何意义。

4.倾听的艺术

倾听是有效沟通的重要组成部分，是指凭借听觉器官接受言语信息，进而通过思维活动达成认知、理解的全过程。在沟通中，司仪通过问话来扩大信息量，通过相互交流达到彼此共识，逐步加深与服务对象的感情和信任。倾听他人说话是一门交流艺术，要注意做到以下几点。

一是要专心。要用心去听，而不是只用耳朵去听。司仪与服务对象沟通时要暂时忘却自己，与讲话者一起去回顾体验，通过目光接触、适时点头、不时赞许等给予积极反馈，增强对方的自信心，使服务对象乐于讲下去。

二是要耐心。倾听要有耐心，司仪不要表现出任何不耐烦或不高兴的神情，可以偶尔插上一两句赞同的话，不完全明白时也可以加上一个问句，因为这表示你对他的话很留心、很在意。但是，不可抢过话题，强行展示自己的观点。除非对方说话已经告一段落，轮到自己说话时才展开论述自己的观点。

三是要虚心。倾听时需要虚心，要善于发现对方思想中的闪光点。倾听过程中，司仪的肢体语言与服务对象的肢体语言要相配合，并尝试用自己的语言，把讲话者的主要观点按照自己的理解简要地概括并复述出来。从讲话者的角度去看待事物，是获得良好沟通效果所必需的。司仪要抓住讲话者的重点，用心、用眼、用耳朵去倾听，去理解隐含在词汇后的意思。在倾听中，适当地停顿一会儿，让讲话者能够有时间思考自己所说的话并决定该如何应答。因为积极倾听的应答，会激发出心灵智慧的火花，做出更加深思熟虑的反应。

5.结束交谈的技巧

结束交谈的最佳节点是问题基本说清、兴致已经低落，这时结束交谈，双方都比较满意。切忌在双方热烈讨论某一问题时，突然将对话结束，这是一种失礼的表现。如果出现这种局面，应设法把话题改变，一旦气氛缓和就应赶紧收场，不把谈话拖长。当发现谈话内容已逐渐枯竭时，就应马上停止，否则会给对方留下言之无味的印象。如果对方对谈话失去兴趣，并用肢体语言做出希望结束谈话的暗示，如有意地看看手表，或频繁地改变姿势，或游目四顾、心神不安等。如遇此情此景，司仪最好主动地结束谈话。在准备结束谈话之前，先预定时间段，以便从容结束。笑容是最佳的句号，因此作为司仪，要以友善的心态、真诚平和的微笑，与对方致意告别，这是人格魅力的自然流露。

6.语言沟通注意事项

一是要尽量简明扼要。说话一般是越简明扼要越好，有些人在叙述一件事情时说了很多话，但还是无法把意思表达出来，别人不明白他想表达的意思。如果作为司仪有这个问题，一定要尽早矫正。矫正的办法是：在说话之前，先在脑子里作一个初步计划，然后再把要说的内容讲出来。

二是避免口头禅和低俗语。有些人在交谈中非常爱说口头禅，诸如"我认为""俨然""绝对的""没问题"一类的话几乎是脱口而出，而不管这些口头禅是否与所说的内容有关联。口头禅说多了，不仅影响说话的效果，而且还很容易被别人当作笑柄。同时，司仪特别是殡葬司仪可以用文雅的语言来营造气氛，但不可以用低俗的语言来表达。

三是用语不要过多重叠。在汉语里，有时的确需用叠句来引人注意，或者加强语气。但是如果滥用叠句，就会显得累赘。例如，许多人在疑惑不解时，常常会说："为什么，为什么？"其实，一个"为什么"就足以表达疑惑之情。还有的人，在答应别人一件事情的时候，常常一连说上好几个"好"字，这样就会给服务对象以不耐烦的感觉，会影响沟通效果。

四是要注意语言态度。语言是用来表达意思、交流思想的工具，是人内心世界的外在表达。司仪的语言态度，是其文化功底、精神境界、专业素质的综合展现。有的司仪表现出高人一等、颐指气使的架势，不耐烦的表情，油滑的状态甚至斥责、嫌弃的意思溢于言表，不礼貌、不友好的言辞不时冒出；有的对观众亲昵逢迎、忸怩作态。这些语言态度，有意无意地失去了与服务对象和来宾的平等态度，失去了为观众服务的真诚与善意。

五是要少用专业术语。语言交流尽量使用广泛通用的词语，以便服务对象能听明白，使彼此交流顺畅。如果在主持中大量使用专业术语，导致服务对象很难听懂，容易导致误会，或被认为说话者故弄玄虚，显示自己。因此司仪在工作中尽量不要使用专业术语。

六是要避免重复使用同样的言辞。一般来说，听者总是希望说者语言丰富多彩。司仪应该在许可的范围内尽量使表达多样化，避免多次重复使用同一词汇。即使一个非常新奇的词，如果在几分钟之内多次复述，也会让人失去新奇感，甚至产生厌倦或逆反心理。

七是要正确地发音。对于每一个字，都必须发音准确、清楚，可以依靠平时的练习，注意别人谈话、自己朗读、多听广播语音，都可以有所帮助。

（二）肢体语言使用技巧

1.肢体语言与礼仪的关系

肢体语言和礼仪具有千丝万缕的联系，二者出现的背景都来自社会交往活动。肢体语言是一种用身体动作进行信息传递的方式，而礼仪是在交往活动中形成的起约束作用的行为规范，它们都是在交际活动中出现的，其目的都是为交际活动服务。从传播的角度看，礼仪可以说是一种在人际交往中进行相互沟通的技巧和规则。礼仪经常以肢体语言的形式表现，肢体语言在社会礼仪表达中占有重要的地位。

2.肢体语言的使用原则

肢体语言在交际过程中具有特殊的表达功能。因此，肢体语言的设计一般应遵循以下几个原则。

一是要服从内容表达的需要。这是肢体语言设计的根本宗旨。

二是要服从情绪表现的需要。任何表情动作都是人的内在情绪的体现，肢体语言的设计必须符合感情的表达需要，服从情绪的支配，所有动作须随着说话情感的起伏自然而然地发出，切不可故作姿态，装模作样。

三是要服从对象、场合的需要。无论表情、动作、姿态，都须适应特定的对象和场合。情人约会与会见同事时的神态，应该是有区别的；参加喜庆活动与参加悼念活动时的举止、仪态，也是不同的。

四是要服从审美的需要。体态动作直接作用于人们的视觉器官。美，令人赏心悦目；丑，令人反感厌恶。因而无论何时何地，坐立站走都要注意造型美，以适应人们的审美。一般来说，男尚阳刚，女尚阴柔，因此在设计肢体语言时，一定要注意体现出性别特征和个性特征：男人要体现出刚劲、强健、潇洒；女人要表现出温柔、细腻、娴静典雅。

3. 手势语

有人称手是人的第二张脸，手的不同动作传达的意义也大有不同。作为司仪，平时要多观察，逐渐积累，才能掌握手势动作所要表达的意思。

礼仪主持活动中，对手势语要运用恰当。一是适度，是指主持时，手势的频率、幅度要符合当时的情景。二是频率，如果从头至尾没有任何手的动作，固然显得呆板；但动作太多且琐碎，又会喧宾夺主，影响有声语言的表达效果。因此一定要恰到好处。三是幅度，手的动作大小要视活动规模和来宾多少而定。人数多，动作幅度可稍大一些，人数多动作小，来宾有可能看不到司仪发出的信息，就会分散注意力，也影响主持效果。四是准确，是指手势与主持内容要一致，不能让家属、来宾费解或误解。五是自然，是指手势不要太机械、太僵硬，既要准确起到表达意图，又要给听众一种亲和自然之感。六是美观，殡葬司仪在使用手势语时，一定要考虑美观、文雅庄重，符合殡葬活动现场气氛。

4. 表情语

表情语是指殡葬司仪的面部表情所传递的信息，面部表情是殡葬司仪与服务对象达成思想沟通、情感融会的媒介，是殡葬司仪内心情感的反映，也是心理状态的表露。随着人内心情感的波动，人的表情会有多种呈现，如喜、怒、哀、乐等，但在殡葬活动主持中，司仪表情应以平和为主调。虽然殡葬司仪面临的都是有悲痛情绪的服务对象，但自己要尽可能保持表情平和自然，避免受丧属和来宾情绪的影响。

5. 运用好眼神

眼睛被称为"心灵的窗户"。瞬息万变的眼神和目光，是丰富思想与内心情感的自觉流露，殡葬司仪既可借助目光来丰富感情，也可借助目光来追踪捕捉服务对象的情绪。

眼神所传递的信息，比动作更微妙、复杂、深刻、动人。司仪要学会运用眼神，一方面通过"观其眸"尝试了解服务对象的内心世界，如提示重点、唤起关注、表示赞许、传达安慰，或流露同情等。司仪在主持活动中，要大胆、坦然地看着来宾，与来宾进行积极的交流，这样会使服务对象和来宾感受到被尊重，意识到自己的存在，也可以准确地了解服务对象的心理感受，从而更加有效地进行沟通。另一方面是要有目标。主持时，司仪的眼睛要选定目标，时而关注到一位来宾，时而用眼神平视所有来宾，这都是眼神交流，但切不可正常活动只看一个目标，而忽略与其他来宾互动。

若想灵活运用眼神表达情感或信息，主要应注意以下几个方面：一是眼神的内涵。眼神应与语言的具体内容、情感态度相一致。二是注视的部位。殡葬司仪在与人谈话时，目光主要在对方双眼和嘴部这个三角区移动，表示亲切、友好，不要从上到下打量对方，以免让对方感到局促不安，甚至反感。三是注视时间长短。说话时，眼睛要看着对方，以示尊重和重视，不可到处乱看，注视时间不可过长。需要特别注意的是，司仪一定要正视对方，不可"侧目而视"，否则会被认为不礼貌。

6.合理的距离与空间

在社交过程中，人与人之间往往有一定的空间，这个空间大小由双方关系的亲密程度而定，可以分成四个距离区间。

一是亲密距离（0~45厘米），只有关系亲密的人才可能进入这一空间，如家人、亲友等，这是最重要的区域。亲密距离又可分为两个区间：0~15厘米为亲密状态距离，常用于恋人、亲友、父母与子女之间的关系；疏远状态为16~45厘米，身体虽不接触，但可以用手触摸。

二是个人距离（46~120厘米），这是个人在远距离接触时所保持的距离，不能直接进行身体接触。个人距离的接近状态为46~75厘米，可与亲友亲切握手，友好交谈；个人距离的疏远状态为76~120厘米，在交际场所任何朋友、熟人都可自由进入这一区间。

三是社交距离（121~360厘米），已超出了亲友和熟人的范畴，是一种礼节性的社交关系距离。其接近状态为121~210厘米，适合于社交活动和办公环境中处理业务等；疏远状态为211~360厘米，适用于正式、庄重、严肃的社交活动，如谈判、会见客人等。

四是公共距离，在360厘米以上，适用于大型报告会、演讲会、迎接旅客等场合。

"疏则远，亲则近"，空间距离与交际对象，是陌生还是熟悉是有一定区别的。交往双方互相认识，又是亲朋好友，可以近距离接触，能促进彼此关系；但如果作为司仪与服务对象初次见面，就靠得很近或做出上述举动，会引起对方的不快和反感。司仪在工作中要注意与服务对象保持适当的距离，才有助于彼此融洽沟通。

（三）主持技巧

殡葬司仪要想提高主持水平，可运用以下几个技巧。

第一，应明确所要主持的活动是告别、安葬还是祭祀、追思，不同的殡葬活动，仪式流程也是有所区别的。确定了仪式所需流程，才好进一步拟写主持词，进行环节设计。

第二，要注意搜集相关素材，如从网络或图书以及同行那里寻找与仪式主持相关的图片、文字、场景设计、花艺设计、殡葬文化、殡葬礼俗等，以不断提高主持水平。

第三，恰当使用殡葬音乐。死亡是社会生活中的一件大事，殡葬仪式则是最重要的人生礼之一，可以说，每一个民族都是以隆重的礼仪送行死者，并有一定的音乐相伴随，这也构成了民族文化的一部分。

殡葬音乐有四大主要功能：营造氛围、亲和聚众、凸显礼仪、教化人心。虽然告别、葬礼等都属于丧事，但音乐未必要千篇一律选用让人倍感压抑的哀乐，可以根据逝者的性别、年龄、身份、爱好，选用不同风格的轻音乐，既烘托现场气氛，又能使仪式个性化，突出逝者性格特点。

（四）策划技巧

在策划殡葬活动时，每个人的思路均有不同，但对于初接触殡葬领域的司仪来讲经验不多，一时无从下手。下面分享一套策划技巧，可帮助大家快速入手。

第一，要通过沟通尽可能全面地了解逝者和服务对象的背景信息。第二，以逝者身份、地位为切入点确定殡葬活动的主题。如逝者是一位医生或护士，可以将主题定位"医者仁心"；如果逝者是教师，可以将主题定位"桃李满园"；等等。第三，确定主题后，就要思考仪式中应设计怎样的场景和环节，采用什么样的色调和风格。为了取得更佳的策划方案，我们可以将能想到的词语都列出来。第四，根据这些词语进行联想，把想到的环节和设计思路记录下来，再去粗取精，以最终确定仪式的各项细节。最后，司仪要将策划好的方案及时与服务对象沟通，修改完善，取得认可，从而实施。

此外，在设计具体环节时，还要注意以下几点：①设计思路要符合逝者或服务对象的地域文化和心理特征；②应注意国内服务对象对文案风格的偏好，如喜欢开门见山、语言含蓄，但并不喜欢逻辑严谨、生冷的表达；③设计思路还要符合服务对象的审美观以及核心价值观，如中国人都喜欢圆满的、完整的、善始善终的结局，不喜欢残缺、分离等。但这些服务对象并不会直接表达出来，因此司仪要多注意。

总之，一名水平较高的殡葬司仪是在平时苦练中成长起来的，在千百次失败中磨砺出来的，在数年工作经验的积累中养成的。因此，大家要想在殡葬主持工作中有一番作为，就要勤学苦练，不断提升，这样方可成为一名既传承中华优秀殡葬文化，又弘扬新时代生命文化的优秀殡葬工作者。

模块三 殡葬司仪的形象要求

课程思政资源

知识点一　殡葬司仪形象的整体要求

一、仪容、仪表的概念

（一）仪容

仪容指一个人的容貌，还包括配饰和发型。就殡葬司仪的整体形象而言，容貌是整个仪表的一个至关重要的环节。它反映着一个人的精神面貌、朝气和活力，是传达给接触对象感官最直接、最生动的第一信息。它既可以使人看上去精神焕发、神采飞扬，也可以使人看上去萎靡、疲倦、无精打采。所以说，塑造良好的殡葬司仪形象，首先应当考虑的就是仪容。

（二）仪表

仪表指一个人的外表。它是一个人总体形象的统称，除容貌、发型之外，还包括人的服饰、姿态等。

仪表美是对殡葬司仪全方位的评价，是形体美、服饰美、发型美、容貌美的有机综合。

二、注重仪容仪表的意义

（一）仪容仪表是树立良好公众形象的前提和基础

殡葬司仪工作的特点是直接面向宾客为其提供服务，这使得其员工的一言一行、一举一动都在宾客的关注之下，一句话、一个手势或一次不规范的着装，都将直接影响其公众形象，进而影响到殡葬服务机构的整体形象。殡葬司仪良好的仪容仪表在一定程度上反映了殡葬服务机构的管理水平和服务水平，是殡葬服务机构树立良好公众形象的前提和基础。

（二）注重仪容仪表是殡葬司仪尊重来宾的需要

礼貌服务，其中很重要的一点就是尊重来宾的合理需求，并尽可能予以满足。家属来宾在接受殡葬服务的过程中，追求着一种比日常生活更高标准的温馨温暖的需求，即视、听、嗅等感官的舒适享受。据有关专家分析，在给人的印象中，各种刺激所占的百分比是：视觉印象大约占75%，谈吐印象大约占16%，味觉印象、嗅觉印象和触觉印象大约各占3%。殡葬司仪的仪容仪表能满足家属来宾视觉美方面的需要，同时又使他们感到在接受外观整洁、端庄、大方的殡葬司仪的服务时，自己的身份地位得到相应的认可，受尊重的心理也得到满足。

（三）良好的仪容仪表可以缩短殡葬司仪与宾客之间的心理距离

俗话说"爱美之心人皆有之"。美感享受属于人类高层次的心理需求。殡葬司仪如果具备良好的仪容仪表，会令宾客赏心悦目，在脑海中留下深刻的印象，从而缩短彼此交流与沟通的距离。

（四）良好的仪容仪表是增强自信心的有效手段

优雅、得体的仪容仪表，不仅会使家属来宾赏心悦目，而且会令自己神采飞扬，从而在心理上滋生出一种自豪感与满足感。人的自信心一方面来自于外界的肯定、赞扬与积极评价，更重要的是来自于良好的自我感觉。好的仪容仪表会带给自己一份好心情，工作起来自然信心倍增，充满活力。

三、殡葬司仪对仪容仪表的总体要求

（一）规范化、制度化

这一条主要是针对殡葬服务机构管理者而言，即对各类工作人员，按其工作性质，对穿着打扮、仪容仪表等均做出相应的规定，形成法则使大家有章可循。

（二）整体性

仪表仪容必须符合整体性原则的要求，即仪表仪容要和其他的言谈、举止，以至修养等相联系、相适应，融为一体。

以外表美而言，它是由姿态的正确、身体的洁净、外表的文雅、皮肤的健康、牙齿的白净、头发的修整、指甲的修剪、服饰的配套等各种因素构成的，不注意整体的和谐统一，就不可能使人有真正美的感受。

（三）内外兼修

仪容仪表要产生魅力，还在于注重外在美和内在美，即仪表与心灵美的统一。与此相反，就是"金玉其外，败絮其中"，只能使人厌恶，不能产生魅力。

（四）勤于检查

很多殡葬服务机构对员工的仪容仪表制定了一整套规章制度，做到了"有法可依"。而

接下来的关键就是能不能严格执行，有没有勤于督促和检查，做到"有法必依"。

知识点二　殡葬司仪的仪容

 一、殡葬司仪仪容礼仪的基本要求

"干净整洁"是对殡葬司仪仪容礼仪的基本要求。

> **案　例**
>
> 　　小张是某殡仪服务公司新来的殡葬司仪，小伙子高高的个子，长得很帅。第一天上班，经理就对着他皱起了眉头。原来，小张在广告公司的时候，头发一直都留得比较长，和小张心目中的偶像一样，常有女孩子们夸他"帅呆了"。经理告诉他，作为殡葬司仪不适合留这样的发型，但马上要上班了，已来不及让他去理发，希望他晚上回家之后能够将头型修剪成符合岗位礼仪标准的发型。经理还发现，小张的右手小拇指指甲留得很长，告诉他这样的指甲会给家属和来宾留下不好的印象，会影响服务工作的效果，希望他下班以后尽量剪短。
>
> 　　小张一肚子不愉快，对经理说的话不以为然。谁知，没过多久，他的头发就给他带来了麻烦。
>
> 　　工作第一天，小张还不能直接上岗殡葬司仪，作为协助师，他陪同家属确认遗体状况。在帮助家属最后整理遗体的过程中，他的一绺头发挡住了右眼，小张顺手就用右手整了一下头发，只见一根长长的头发落在了逝者的脸上……
>
> 　　家属非常生气，后来经理只好减免了部分服务费用，才平息了家属的情绪。

殡葬无小事，一件小事做不好都可能造成严重的后果和影响，殡葬司仪的仪容礼仪更是殡葬服务工作的基础。

具体来讲，殡葬司仪平时应当做到以下几点。

1. 勤洗澡，勤换衣

殡葬司仪每天都可能要与家属和来宾打交道，勤洗澡、勤换衣可以避免身体或头发产生令家属和来宾不愉快的浓重体味。

2. 勤剪指甲，勤理发

不可在工作场所剪指甲，应当在家里或洗手间等私密场所进行。殡葬司仪的头发要求保持干净整洁、无异味、无头皮屑、无灰尘，要定期理发。

男士每日都要认真剃须，修剪过长的鼻毛或耳毛。男士至少每月理发一次。服务岗位男士发型的具体要求为：前额头发的长度不超过眉毛、不遮挡视线；侧面头发长度不超过上耳轮；不留大鬓角、不蓄胡须；后面头发长度不触及衣领；不剃光头。

女士要注意护发养发，根据自身情况选择合适的理发频率。平时梳理头发的时候应当避人，不可在工作场所梳头，不可在公众场合当着别人的面解开自己盘着或束着的头发，否则有轻浮之嫌。服务岗位女士发型的具体要求为：前额头发的长度不超过眉毛、不遮挡视线；侧面头发不遮掩面庞；后面头发长度不超过肩膀，长发应盘起；不用华丽或花哨的发饰。

3. 勤洗脸、勤洗手，勤刷牙、勤漱口

殡葬司仪每天至少早晚各洗一次脸，每天早上起来及就寝前必须刷牙。平时吃东西或喝饮料之后要立即漱口，及时清除口腔里的残留物质，以免产生口腔异味。一日三餐之后都必须漱口或刷牙，工作时间应避免食用气味过于浓烈的食物，比如生葱、生蒜等。

洗脸的时候要注意把眼角、耳窝、鼻孔、脖子等细节之处都洗干净。不可对着他人擤鼻涕、吐痰、咳嗽、打喷嚏、打嗝，应立即转身朝向无人方向，并尽量用纸巾或手帕遮掩，之后立刻洗手。不可在工作场合剔牙齿、掏鼻孔、挖耳朵、搓泥垢。

二、化妆礼仪

面容化妆的目的在于使人的精神面貌有焕然一新之感，适度地化妆也是尊重家属来宾的一种礼貌表现。

1. 殡葬司仪面容化妆的总原则

殡葬司仪一般应进行适当的化妆，这一基本要求被归纳为"化妆上岗，淡妆上岗"。所谓"化妆上岗"，即要求殡葬司仪在上岗之前，应当根据岗位及接待礼仪的要求进行化妆。所谓"淡妆上岗"，则是要求殡葬司仪在上岗之前的个人化妆，应以淡雅为主要风格。

2. "扬长避短"原则

殡葬司仪应当明确化妆的目的和作用：扬长避短、讲究和谐、强调自然美。要根据自己的工作性质、面容特征来化妆。一定要讲究得体和谐，一味浓妆艳抹、矫揉造作，会令人生厌。

3. "修饰避人"的原则

"修饰避人"的原则即不在公共场合化妆和补妆，因为在公共场合（尤其是在工作岗位上）化妆是极为失礼的。这样既不尊重别人，也不尊重自己，给人以轻佻、浮夸的感觉，层次不高，毫无修养可言，从而影响个人形象。

4. 不以残妆示人

残妆指由于出汗之后、休息之后或用餐之后妆容出现了残缺。长时间的脸部残妆会给人懒散、邋遢之感。所以，在工作时女性殡葬司仪不但要注意坚持化妆，而且要注意及时地进行检查和补妆，但更需要注意应在卫生间或化妆间补妆。

实操篇

- 模块四　语言表达训练
- 模块五　形体训练
- 模块六　洽谈训练
- 模块七　护灵仪式
- 模块八　告别仪式
- 模块九　入化纳灵仪式
- 模块十　骨灰安葬仪式
- 模块十一　公祭仪式
- 模块十二　清明主题纪念活动
- 模块十三　其他殡葬仪式

模块四 语言表达训练

课程思政资源

💡 情景导入

新入职的司仪小张在入职第一天接到了给一位以身殉职的男士主持告别仪式的任务。但她在主持过程中由于紧张,出现了发音不标准的情况,平翘舌音不分,"四"和"十"读不好。逝者年龄四十岁,她总是读成"四四"岁,导致家属和来宾都没听懂,产生了不满的情绪。作为一名殡葬司仪,发音标准一定是做好服务的必要条件。

请思考:殡葬司仪发音标准的重要性有哪些?

💡 知识目标

(1)掌握正确的发音方法。
(2)理解殡葬司仪正确发音的必要性。

💡 技能目标

掌握在殡葬仪式中正确运用发音技巧的能力。

💡 思政与职业素养目标

(1)守护逝者死亡尊严,具备精湛技艺和责任感,精益求精。
(2)提升殡葬司仪的职业认同感和社会责任感。

💡 核心概念

殡仪发音;气息

任务4-1 发音技法训练

【任务描述】

作为殡葬司仪,承接殡葬仪式,通过发音技法训练保持仪式主持的整场效果。

【任务要求】

标准站姿，练声材料准备。

【相关知识】

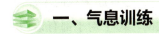 一、气息训练

气息是人体发声的动力和基础。在仪式主持时，气息的速度、流量、压力的大小与声音的高低、强弱、长短以及共鸣情况都有直接关系。可以说，要控制声音，驾驭语言，就必须学会控制气息。

所谓"控制气息"，就是要学会胸腹联合呼吸法。在生活中，人们的本能呼吸是浅呼吸，即只作胸部呼吸。主持时，用这种本能的呼吸方法发音，时间一长，声带就会疲乏，声音就会嘶哑。而胸腹联合呼吸法是要深呼吸，将空气吸入肺叶底部——横膈膜处，即一般人系腰带的地方。它一般采用鼻子吸气，吸入横膈膜的气，使肋骨自然向外扩张。此时，腹部有发胀的感觉。随着小腹逐渐收缩，气息也从小腹深处涌上来，推动声带发音。通过这种方式发出的声音不仅洪亮、有力，而且持久，能保持整句话的声音都饱满圆润。与此相反，如果一吐气横膈膜就塌瘪，那么，气息就会像破了的皮球一样迅速泄掉，声音也就会失去气息的支持。这样造成的问题是：头几个字有气息支持，后面的字没有气息支持，讲起话来给人的感觉就是前强后弱，上气不接下气。而呼吸本身很费力，声音也难以持久。

二、共鸣训练

用气推声的发音方法虽然可以省力，但要发出抑扬顿挫、铿锵有力、响亮悠远的声音，还必须在用气推声的基础上，学会共鸣的发声方法。因为生理学家告诉我们，声带产生的音量只占讲话音量的5%，其他95%的音量，则要通过胸膛、头腔、口腔、鼻腔所组成的共鸣器放大产生。

人的声道主要共鸣器官有口腔、胸腔和头腔。这三个共鸣器的作用各有其妙处：口腔共鸣能使声音结实清晰，胸腔共鸣能使声音浑厚洪亮，头腔共鸣能使声音高亢明亮。但是，在没有经过正确的共鸣腔训练的情况下，一般人的共鸣发音存在如下弊病。

（1）白声——共鸣位置过分靠前，口腔没充分打开，好像只用嘴皮子说话，因而声带发出的声音形不成共鸣。

（2）音包声——音位靠后，喉头张开得太大，结果声音很响，但声母不清。这种弊病俗称"喉音过重"。

（3）鼻音太重——由于软腭下垂，舌根抬起，阻挡了咽喉与口腔的通道，声音大部分从鼻腔里出来。这也俗称"鼻囊鼻子"。

三、语调训练

（一）语调及其分类

语调是语言表达中的第二大要素，是语言表达的第二张"王牌"。它看起来很简单，即说话的腔调，是一句话里语音高低轻重的配置；但它的作用是巨大的，每个句子都有语调，恰当地运用语调，能有效地润色语言，促进思想沟通，使语言表达更加清晰明确，从而增强语言的表现力。因此，学会运用语调，对于提高语言表达能力是十分重要的。在讲解语调训练方法之前，有必要弄清楚语调本身的一些特点。

形成语调的因素是多方面的，但起决定作用的是思想内容和感情态度。而在一般情况之下，人的思想内容和感情态度有一种基本状态，并不会出现大的起伏。这也就是说，语调的变化是在一种基本语调的基础上进行的。基本语调是在中音区进行的。那些表现高昂、激越、紧张、热烈、愤怒、仇恨等情绪的语调在高音区进行；而那些表现低沉、悲哀、凄凉、沉痛等情绪的语调，一般在较低音区进行。

这种划分是相当粗略的。事实上语调起伏变化万千，很难找到完全相同的形式。为了便于练习，我们可以把基本相似和大体相同的语调归纳为以下几类。

（1）升调　指情绪亢奋，语流运行状态由低向高，句尾音强而向上扬起。它一般用于提出问题、等待回答、感到意外、情绪惊恐；中途顿歇，全句未完；发布命令，进行号召等。

（2）降调　指情绪稳定，语流运行状态由高向低，句尾音弱而下降。它一般用于陈述句、肯定句、感叹句、祈使句等。

（3）平调　指情绪沉稳，语流运行状态基本平直，句尾和句首差不多在同一高度。它一般用于庄重严肃、踌躇迟疑、冷漠淡然、思索回忆等句子中。

（4）曲调　指情绪激动或情感复杂，语流运行呈起伏曲折状态。或由高而低再扬起，或由低而高再降下，或起伏更大。多用于语意双关、言外有意、幽默含蓄、讽刺嘲笑、意外惊奇、用意夸张等语句中。

（二）语调训练技巧

在这个基础之上，我们再来谈谈语调的训练。一般的语调训练包括以下内容。

1.把握重音

重音也叫重读。在口语表达中，它有强调重点、突出主要情感的作用。语句中的词语在语义上并不是完全并列、同等重要的，它们有主次之分，有轻重之别。表达者有意对那些重要的词语或音节加以强调和处理，这些词语或音节就是重音。

把握重音的关键是找到重音的确切位置，这就需要明确讲话的重点，弄清话语主旨，真正把握每句话的表意重点——表意的重点词语往往就是重音的位置。同一句话，由于重音位置的移动，表意的重点就会发生变化。比如"今天我来这儿讲课"这句话，重音不同，语义就不同：

今天我来这儿讲课（明天不来）。
今天我来这儿讲课（不是别人来）。
今天我来这儿讲课（明天在别处讲）。
今天我来这儿讲课（不是来聊天）。

音频示范

由此可见，重音的位置对语义有重要影响。正确使用重音，是准确表情达意的关键。

2.巧设停顿

停顿是指语言顿挫。它在口语表达中至少有两个作用：首先，停顿起着标点符号的作用，它作为话语中换气的间隙，既是表明上句话的结束，又是下句话的前奏，以此加强语言的清晰度和表现力。其次，停顿能使口语抑扬顿挫，它以间歇的长短、一定时间单位里次数的多少，形成讲话的节奏，给人以韵律美。

和重音一样，停顿的位置不同，一句话表达的语义往往也会不同。比如"她了解我不了解"这句话在不同的停顿之下就可以有不同的意义：

她/了解我不了解？（问是否了解自己）
她了解/我不了解？（不承认自己不了解）
她了解我/不了解？（想证实她了解不了解）
她了解我不/了解？（不相信别人了解）

音频示范

可见，停顿要得当、得体，应当根据传情表意的需要合理设置。巧设停顿可造成言外之意和弦外之音，让人觉得"此时无声胜有声"。训练有素的殡葬司仪往往善于利用语句的停顿，让听众去思索、回味和期待，以获得理想的语言效果。

但凡事都有两面性。以停顿的一个常用技巧"停连"为例。"停连"是指表达中声音的中断和延续。有断有连，能扣人心弦。但是当断不断，会语序纷乱；该连不连，会语义难全。所以，停顿切不可随意为之，以免造成不必要的麻烦。

3.善用语调

语调分为升调、降调、平调和曲调四种。和重音、停顿一样，同一语句由于高低升降的不同，可以表达多种多样的感情和意义。因此，在发音训练中，应有意识地结合四种语调的不同特点进行训练，以使自己的发音具备更强的表现力。

四、节奏训练

口头语言的节奏，是指因思想感情的起伏而激起的音势强弱、语速快慢的变化。语言节奏的处理，既是殡葬司仪感情的表露，也是殡葬司仪思想水平和涵养的表现。实践证明，语言的节奏速度同说话的思想感情是一致的。随着说话时思想感情所呈现出来的不同状态，声音的节奏速度也不断变化，显现出不同的特点。有的轻快，有的凝重，有的高亢，有的低沉，有的急促，有的舒缓。

而人们在表达欢乐、兴奋、惊惧、愤怒、激动的思想感情时，语流速度一般较快；在表达忧郁、悲伤、痛苦、失望或心情沉静、回忆往事等心理活动时，语流速度一般较慢。一个优秀的殡葬司仪，就应该结合思想情感的不同状态，说出语言的不同节奏。

为了更好地进行语言节奏的训练，以下对语言节奏的类型做简单介绍。

（1）轻快型　语调多扬少抑，语音多轻少重，语句多连少停，语流轻快活泼。如孙犁的《荷花淀》中水生与媳妇们嬉戏的一段就属于这种类型。

（2）凝重型　语调多抑少扬，语音多重少轻，语句多停少连，语流平稳凝重。如朱自清的散文《背影》就属于这种类型。

（3）低沉型　语调压抑，语音沉痛，停顿多而长，音色偏暗，语流沉缓。如李瑛的《一月的哀思》就属于这一类。

（4）高亢型　语调高扬，语音响亮，语句连贯，语流畅达。如茅盾的《白杨礼赞》、闻一多的《最后一次演讲》都属于这种类型。

（5）舒缓型　语调多扬，语音多轻，气息畅达，声音清亮轻柔，语流舒展。如峻青的《秋色赋》就是这种类型。

（6）紧张型　语调多抑，语音多重少轻，语气强而短促，语流速度较快。如山东快书《武松打虎》一段就属于这一种。

以上六种即是语言节奏的类型，事实上，训练的方法也蕴含其中。要掌握语言节奏，首先就要掌握台词的基本节奏，然后再根据台词内容调整节奏，使节奏同内容和谐一致，以便更好地表达思想感情。

【任务实施】

1. 标准站姿准备

两腿并拢站立，双手自然下垂，目视前方。

2. 放松双肩

头正肩平。

3. 气息训练

① 吸足一口气，屏息数秒，然后用均匀的、低微的、带有气息的声音从"1"开始数数，就像是说悄悄话一样。和压腹数数法一样，在开始阶段可数得少一点。不过应注意，数数时尽量不撒气、不漏气。

② 跑步出现轻微气喘时，可背一首短小的古诗。开始训练时可两人配合进行，并肩小跑，一句接一句地背下去。背诵时，要尽量控制不出现喘息声；一首诗背完后，要调节呼吸，然后再继续进行。此外，还需注意的是，激烈运动时不可进行此项训练。

4.共鸣训练

① 口腔共鸣训练　采用张口练习法。可用惊吓张口、半打哈欠、吞咽食物张口等方式来练习口腔张口，在气推声之前吸气，同时打开口腔立即发音。经过多次反复练习，即可获得口腔共鸣的发音效果。

② 胸腔共鸣训练　最简单的方法是发音之前先做好闭口打哈欠的准备，在气推声的同时，胸腔打开，像雄鹰展翅的感觉；或者，做扩胸动作，体会胸腔打开，如同手风琴的风箱张开的原理。多次反复练习就能获得胸腔共鸣的效果。

③ 头腔共鸣训练　最简单的方法是练习"凝目远视"。这也就是在气推声之前，先凝目远视并提小舌头，同时用气推声。它有两种效果：一是使头腔共鸣器官——鼻窦、额窦、蝶窦等器官张开；二是"提小舌头"，即软腭提起，打开咽腔。多次反复练习，即可获得头腔共鸣效果。

④ 综合训练　在分别做过三个共鸣器的共鸣训练之后，最后还需将三种共鸣方法融为一体：在前三种方法的基础上，注意做到从肚脐到口腔保持气息的畅通无阻，头腔、口腔、胸腔一起打开，再用气推声，这样，就能获得"混合共鸣"的效果。这时候的声音，听起来就会响亮达远。

【任务评价】

进行小组展示和总结，学生自我评价及工作成果展示。详见"任务评价工作手册"。

任务4-2　呼吸控制训练

【任务描述】

（1）通过呼吸控制训练，掌握正确的呼吸方法。

（2）保持殡葬仪式的气氛庄重和良好的氛围。

【任务要求】

（1）教师准备：音箱和话筒。

（2）学生准备：标准站姿。

【相关知识】

人们常用"气乃声之本"来形容气息与声音的关系，这表明呼吸在发音过程中起着提供动力的作用。呼吸状态好，气息流畅，说话的效果自然会好；若呼吸状态不好，气息不流畅，则会造成许多发音和用声上的问题。因此，掌握适当的呼吸知识和呼吸技巧，对殡葬司仪的口才很有帮助。

一、殡葬仪式主持对呼吸的要求

归纳起来，殡葬司仪应当在呼吸方面具有这样一些能力：
① 呼吸气流量较大，有较大肺活量；
② 有较强呼吸控制能力，呼气稳定，持续时间长；
③ 能够在殡葬仪式主持中灵活运用不同呼吸方式。

二、三种呼吸方式

人的呼吸有三种基本方式：腹式呼吸、胸式呼吸与胸腹联合式呼吸。它们各有其特点。掌握它们的特点，特别是胸腹联合式呼吸的特点，对殡葬仪式主持很有帮助。

（一）腹式呼吸

腹式呼吸是以膈肌活动带动肺扩张或收缩，形成吸气和呼气动作的呼吸方式。膈肌因其位置处于胸腔和腹腔之间，又被称为横膈或横膈膜。腹式呼吸在吸气时，膈肌收缩。于是，朝胸腔凸起的横膈收缩向下，趋于平直，在横膈带动下，肺被向下拉动扩张，气流吸入。呼气时，膈肌放松，横膈膜回弹，气流在挤压作用下从口鼻腔呼出。这种呼吸在呼吸过程中腹部会有明显起伏，因此被称为腹式呼吸。

腹式呼吸放松、自然，且呼吸可有较大范围的变化。因此在语句简短的讲述类节目中经常用到。当然，殡葬仪式主持时若使用腹式呼吸，呼吸的气息量要比日常交流大。

（二）胸式呼吸

胸式呼吸是以胸廓扩张或收缩带动肺部扩大或缩小形成呼气和吸气的呼吸方式。胸式呼吸气息量较小。一般情况下，胸式呼吸往往是腹式呼吸的补充。正常呼吸时，如果横膈的下降没有受到阻碍，应该是先有腹式呼吸。当横膈下降到一定程度，下降阻力变大时，如果还需要进一步吸气，这时，作为对腹式呼吸的补充，胸廓的扩张才能明显。

在正常情况下，人们的呼吸是以腹式呼吸为主，胸式呼吸往往不会单独出现。出现单纯胸式呼吸常常预示着横膈下降严重受阻。这种状态往往是非正常的。对于殡葬司仪，造成以胸式呼吸为主这种非正常呼吸状态的最常见原因是心理紧张。消除心理紧张，使身体处于放松状态是避免胸式呼吸的主要方法。除了心理紧张，进食过饱、吸气时收腹过度、不正确的身体姿势等也会造成以胸式呼吸为主的呼吸状态。

胸式呼吸还会出现在某些强烈的情绪状态中，当人们处于兴奋、恐惧、惊喜等状态时，身体的肌肉组织会呈现紧张状态，这时，横膈下降也会受到阻碍。在表现这些情绪色彩时，可以有意识地运用胸式呼吸，以丰富语言的感情表现力。

（三）胸腹联合式呼吸

胸腹联合式呼吸是横膈升降与胸廓扩张收缩相结合的呼吸方式。这种呼吸方式在日常生活中并不经常使用，对许多人来说，这种呼吸方式需要经过训练才能有意识地使用。胸腹联合式呼吸可以满足殡葬仪式主持气息量大、进气快和发音时间长的需要，是殡葬司仪应当掌握的基本呼吸技巧。

胸腹联合式呼吸是胸式呼吸和腹式呼吸相结合的呼吸方式。这种结合并不是简单地相加，它利用腹式呼吸吸气量大和胸式呼吸的补气作用，尽可能加大吸气量，呼气时，则利用适当的控制手段，保持呼气的均匀，增加发音时间。

胸腹联合式呼吸可分为吸气和呼气两个阶段。

1. 吸气

吸气时，口、鼻同时进气，这样可以提高吸气速度。当发音速度较快时，用于换气的时间常常很短暂，在这种情况下，应尽量缩短吸气的时间，以保持语句的连贯。吸气过程可采用两种控制方式。

一种是当吸气时间比较充裕时，可采用先腹式、后胸式的吸气方式。运用这种吸气方式，腹部处于相对松弛状态，先利用横膈下降吸入气息，待小腹有膨胀感后，再利用胸廓的扩张进一步吸入气息，这时，两肋有张开的感觉。我们在深吸气闻花香时常使用这种吸气方式。

另一种吸气方式是在吸气时小腹适当收缩，保持腹部略微向上的压力，然后膈肌下降，吸入气息。由于膈肌下降时遇到阻力，胸廓会采取扩大胸径的方式吸入气息加以补偿。于是，腹式呼吸和胸式呼吸同时动作。这种吸气方式如控制得当，可以在很短时间内吸入较多的气息。较为急促的呼吸状态常使用这种吸气方式。

这两种吸气方式可分别称为"顺序吸气法"和"同时吸气法"。在需要较大气息量，但语言状态较为放松时，我们可以使用"顺序吸气法"；在需要较大气息量，语言状态较为紧张、急促时，我们可以使用"同时吸气法"。这两种吸气方法可以根据需要灵活使用。殡葬仪式主持使用的胸腹联合式呼吸，吸气时腹部肌肉应保持略微收缩，并非完全松弛。腹部适当收缩可为呼气发音做准备。

2. 呼气

胸腹联合式呼吸的呼气阶段是整个呼吸过程的关键。为了保持较长的呼气时间和提供稳定的气流，通常在呼气时采用肌肉力量对抗方式控制气流的呼出，而不采用单纯膈肌放松回弹方式控制气流。

借助呼气肌肉和吸气肌肉的力量对抗产生的压力差控制呼气过程，可以获得稳定的气息，延长呼气时间，这对殡葬仪式主持十分有利。这种呼气方式是殡葬仪式主持呼吸的重要方法。它为殡葬司仪提高发音质量打下坚实的基础。

胸腹联合式呼吸依靠肌肉力量对抗完成呼吸过程，因此需要较长时间的体能锻炼，肌肉组织具有一定力量才能显示出效果。需要注意的是，在使用这种呼吸方式时，如果控制过度，反而会造成气息僵死，那样的话，语言的表现力不仅得不到增强，反而会被削弱。

三、常用换气方式

"换气"是指在发音过程中，当气息不能满足发音需要时，在句子之间或句子之中补充气息的过程。常见的换气方式有：利用句子之间较大停顿进行的正常换气，在句子中间利用短暂顿挫快速换气的偷气，以及利用吸气声作为表达手段的抢气。发音中用来换气的地方称为"气口"。所谓"气口"，是根据发音过程中语句内容连接的紧密程度和表达需要确定的用于换气的停顿点，不应简单地将气口等同于逗号或句号。有时，气口之间会包含由几个短句构成的句群，也有时在一句话中就会有几个气口。

（一）正常换气

"正常换气"是指在一段话之后，利用语句之间的较大停顿从容补充气息。一篇司仪稿或一段话语不可能一口气说完，中间往往伴随多次呼吸，利用话语之中的较大停顿进行换气是语言表达中最自然的换气方式。正常换气根据话语的长度、感情色彩及音量等因素确定合适的吸气量，一段话讲完，气息也正好需要补充，于是利用停顿补充气量，语言表达与呼吸节奏相吻合。这样可保持语言的生动、流畅。在语流之中换气是自然进行的，发音人会根据自己的经验，自动调整吸气量，并不需要有意识加以注意。

正常换气应注意吸气量适当，气息吸入过多会不容易控制，吸气之后也不应屏气，否则这两种情况都会使声门闭合过紧，造成发音不自然。

（二）偷气

"偷气"是发音过程中一种无声补充气息的方法。当发音时句子过长或发音速度较快时，一般没有较大的停顿进行正常的换气，这时，人们常利用句子之中词与词之间短暂的顿挫来补充气息，这种换气方式没有明显的停顿间隔作为标志，也没有明显的吸气声，不易被人们察觉。

偷气一般在气息将要用尽，后面话语不多的情况下使用。偷气的气口通常是在连接不太紧密、可以顿挫的词与词之间，这样不会影响语句的连贯，听者也不易察觉。偷气时，应在准备换气的词之后用较快速度从口鼻同时吸入少量气息。偷气一般是为补充气息，供短时发音用，吸入的气息有限。为了防止吸气声，吸气时声门应适当开大。

（三）抢气

"抢气"是发音过程中一种带有吸气声的换气方式。当话语的节奏急促或感情色彩强烈时，气息消耗很快，往往需要在句与句之间或句子之中急速补充气息。急速吸气会使气流在通过声道时产生较强的气流摩擦声。这种夹杂在语流之中的气流声能够显露出说话人焦急、紧张、感慨等不同感情色彩，使表达更富于表现力。抢气不仅是一种换气或补气方式，而且是一种感情表达手段。它常用于感情色彩丰富、描写生动的语言中。

抢气时吸气速度要快。由于不再需要顾及吸气声，声门不必开大。应尽量让抢气声成为语流的一个节拍，这可使语言听起来更自然。抢气时不要屏气，抢气的气流强度根据需要灵活使用。有时，抢气出现在句头，这种句头抢气往往出于感情表达的需要，气息量较大；而在句中出现的抢气多带有补气的性质，气息量不大。

上面几种换气方式都是殡葬司仪经常使用的。为了熟练运用这些方法，初学者可以先用文稿作为练习材料，将文稿内容在原有标点符号基础上重新分析，划分为呼吸段落，在需要换气的地方做上记号。抢气常与感情色彩相连，可随感情流露顺势而出，不必标记出来。当然，如果一时不习惯，可以用自己设计的符号把所有气口都标记出来。

【任务实施】

1.标准站姿准备

两腿并拢站立，双手自然下垂，目视前方。

2.放松双肩

头正肩平。

3.横膈弹动练习

许多初学者不了解横膈的位置，感觉不到横膈的活动。这个练习可以帮助你感觉横膈的弹动，同时也可以锻炼膈肌力量。

① 直立，双手垂直于身体两侧，小腹肌肉略微收缩。

② 横膈下降，吸气至八成满。

③ 小腹肌肉猛烈收缩，压迫膈肌向上弹动，气流冲出，发"hei"音。

通过这个练习，可以感觉到腹肌和膈肌的剧烈活动。

4.胸腹联合式呼吸练习

通过这一练习，可以体会胸腹联合式呼吸。

① 双腿直立，两臂侧垂，贴近身体两侧。头部抬起，目光前视，全身放松，小腹前部微收，做好吸气准备。

② 口鼻同时吸气，横膈逐渐下降，小腹有压力感。

③ 继续吸气，腹部膨胀，同时胸廓开始扩张，上臂与胸部两侧逐渐贴近，表明胸径扩大。

④ 在膈肌仍保持适度收缩的同时，腹部逐渐加大收缩力度，使膈肌匀速上升，胸廓也在肌肉对抗作用下回缩，气流均匀呼出，直至气息用尽。

练习时应当注意，小腹在做吸气准备时不应过分收缩，过分收缩会限制吸气量。

5.扩大吸气量练习

增加肺活量是提高呼吸能力的基础。通过这一练习可逐渐增加肺活量。

① 按照胸腹联合式呼吸的要求，深吸一口气，将气息保持住。

② 用稳定的音量和适当的音高、音色数数：1，2，3，4，5……直至气息用尽。

③ 重新吸气，重复上面动作。

这一练习可每日连续进行多次，音量、音高、音色都可以变化。随着练习时间的延续，发音时间会逐渐延长，这表明肺活量在增加。

6.小组成员之间互相指导纠正

7.教师指导

【任务评价】

进行小组展示和总结，学生自我评价及工作成果展示。详见"任务评价工作手册"。

任务4-3　心理训练

【任务描述】

通过心理训练，使学生具备成为殡葬司仪的良好心理素质。

【任务要求】

（1）教师准备：音箱和话筒。

（2）学生准备：标准站姿。

【相关知识】

殡葬司仪是一种在众人面前讲话的职业。它要求任何一个殡葬司仪都得具备良好的心理素质。很多殡葬司仪，特别是年轻的殡葬司仪，在场下试验效果很好，但是一旦真走到现场，或者仅仅是面对比较多的人群说话，他就会不自觉地紧张，出现声音发颤、语无伦次等不自然的现象。这自然有多种原因，但最主要的莫过于心理素质不过关。

事实上，大凡不善于在众人面前讲话的人，诸多原因中，最主要、最根本的也是心理上的障碍，缺乏临场的心理训练。为了解决心理素质不稳定的问题，主要从练心、练口、表达练习、全面练习这四个步骤进行训练。

四步练习法侧重于实践。初学者如果再辅以一定的理论指导，科学地辨明心理和生理基础，同时对心理活动与注意力、记忆力、情绪情感、思维想象、行为动机、能力技能、个性意志、气质性格等等之间的关系有较为清晰的认识，心理训练的效果就更为显著。

【任务实施】

1. 标准站姿准备

两腿并拢站立，双手自然下垂，目视前方。

2. 放松双肩

头正肩平。

3. 站立不语练习——练心

练习者互为听众轮流上场，练习者站在高于听众之处，目视听众而不开口。此时，练习者心理要进入讲话的感受之中，进行心理体验。

这一步练习是练"心"不练"口"，每次站立5~10分钟，由于可以不开口讲话，会减轻练习者的心理负担。这步练习直到练习者不觉得紧张，能坦然地面对众人的注视为止。

4. 即兴说话练习——练口

练习者在适应了人前站立之后，也即在众人面前站立时已经基本上没有心理障碍了，就可进入说话训练。这时，讲话从内容和形式上，不要给予任何规定和限制。练习者要随心所欲，讲自己最熟悉的话。这时的练习者虽然在心理上已初步适应，但开口讲话还缺乏适应性锻炼，此时的大脑或紧张或混沌一片，所以这一步练习要达到的主要目的就是要求练习者能开口讲话，至于他讲的是什么，那是下一步训练要做的。

这一步是在练"心"的基础上练"口"，讲话时间以3~5分钟为宜。练习者和听众可现场交流对话，轮流演练，直到练习者可在人前自如流利地讲话为止。

5. 命题主持练习——表达练习

在前两步训练的基础上，练习者即可进入命题主持练习。练习者和观众之间要反复交流，推敲练习者的有声语言和态势语言的力度、速度、表情等。此步练习以练习者在"台"上让观众听不出练习者是在背讲稿，也不是在"演"为目的，要求练习者达到能够真实自如、从容不迫地讲自己的心里话。

6. 即兴主持练习——全面练习

练习者的临场心理和讲话能力都有了一定的提高后，便可进行较高层次的即兴主持练习。练习者以抽签来确定主持的题目和内容，抽签后，可给予练习者5~10分钟打腹稿的时间。

此时，练习者的思维处于高速运转状态，这对于提高练习者的快速谋篇、遣词、炼句是很必要的。由于此时练习者的心理处在排练的气氛中，所以对失败并不十分惧怕，相反，他往往敢于充分地表现自己，将他在正式主持时难以全面发挥的内在潜力发挥出来——而这，无疑可以反过来促进他在正式主持中的发挥。

【任务评价】

进行小组展示和总结，学生自我评价及工作成果展示。详见"任务评价工作手册"。

任务4-4　记忆训练

【任务描述】

通过记忆训练，使学生具备成为殡葬司仪的良好记忆能力和临场发挥能力。

【任务要求】

（1）教师准备：音箱和话筒。

（2）学生准备：标准站姿。

【相关知识】

在殡葬仪式主持时，必然会出现种种即兴的、始料不及的情况，要解决它，最好的办法只有一个，那就是事先做好充分的准备工作。

所谓充分准备，主要是指对节目内容熟悉。而熟悉，就不可避免地涉及记忆。记忆是人脑的一种功能，是经历过的事物在人脑中的反映和再现。人的大脑是一个空间巨大的"仓库"。人在无意的情况之下，往往都会记住很多东西，更不用说有意识地记忆了。通过记忆，可以储存信息，把有准备的讲话材料和无准备的素材知识铭刻在脑子里。

这种记忆训练可分为两个层次。一个层次是有意识地将大脑中储存的有关知识组织起来，为自己所用。也就是说，应在平时有意识地记下大量至理名言、名家作品、科学术语、成语典故、寓言故事、史地常识、奇闻轶事等。这些构成了节目的素材、语言。另一个层次则是，记忆你精心设计的讲话结构。因为在具体主持过程中，除了即兴的情况外，还会有仪式过长或者工作太多而无法将内容全部记下的情况，这就要求你记下贯穿讲话始终的那条线、那个纲。只有从内容到形式都记熟了，即便没有稿子或抛开稿子主持，说话才能如行云流水、滔滔不绝，又有条不紊、脉络分明。因此，良好的主持能力是可以借助于记忆得以实现的。几种常用的记忆方法如下：诵读法、纲目法、机械法、口诀法、重复法。

1. 诵读法

记忆主持词时，一遍一遍地念，大声地读，直至倒背如流，烂熟于心。人们接受外界信息时，由于接收的感觉器官不同，记忆的保持率也不同。专家实验证明：在接受知识时，如果用眼耳口结合的"诵读法"，三小时后，能保持85%；三日后，仍可保持65%。可见，诵读法能明显提高记忆力。

2.纲目法

如果台词较长，可从主题和结构入手，列出纲目，即首先抓住主题，然后围绕主题，列出有逻辑联系的内容纲目，并用简明扼要的语言按顺序标出来，使之一目了然，以便进行提纲挈领的记忆。

3.机械法

这主要是针对那些缺乏内在联系的事物，比如记忆人名、地名、书名、日期、电话号码、门牌号码、数学公式等，除了靠简单重复和强记等机械记忆方法外，很难有什么捷径。

当然，在机械记忆中，也并非全无捷径，可以自创一些办法，借以提高记忆的效果，如对照法、顺序法、抓特点法等；还可以运用谐音、押韵、会意等方法，缩小记忆对象的信息量，灵活巧妙地进行记忆。

4.口诀法

口诀法就是把本身互相联系很少的材料，根据其内容要点，编成整齐对称、偶句押韵、朗朗上口、便于记忆的语句，使之富于趣味性。这种口诀记忆方法应用广泛，如许多农谚、节气谚语、珠算口诀、九九乘法表等，都是采用此法。运用这种方法，可使人们快速、方便地记忆，又不易忘记。

5.重复法

强记固然有明显的效果，但实践证明，时间一长，遗忘就会发生。遗忘使记忆痕迹不断淡漠或消失。为了有效地避免遗忘，可采用重复记忆法。从用脑的角度看，重复可加深大脑皮层的记忆痕迹。从实际效果看，复习不仅有修补、巩固记忆的作用，还可加深对知识的理解，并能逐渐达到知识的条理化、系统化。

总之，记忆的方法很多，殡葬司仪要提高语言表达能力，就要不断加强记忆力的训练。而实践证明，良好的记忆能力除了促进口才之外，还可有效地提升主持形象。当然，"冰冻三尺，非一日之寒"。这种形象的提升不是一天两天就能产生的。

【任务实施】

1.标准站姿准备

两腿并拢站立，双手自然下垂，目视前方。

2.放松双肩

头正肩平。

3.诵读法练习

诵读下面的文章，一遍一遍地念，大声地读，直至倒背如流，烂熟于心。

我愿意做你心灵的烛光，给你温暖为你照亮，在这心灯的照耀下，把心中那瓣瓣玫瑰种在新春馥郁瑞丽的田野里。

你是我心中的骄阳，你是获得了梦想的翅膀，正高高地飞扬。你是空中的境界，我知道倘若那世界小如我的心脏，你就在我心上，倘若我心宽阔如世界，你肯定就在这世上。现在，你只是睡着了。

眺望，我曾在梦里把你亲近，我曾默默为你祈祷，我曾深深为你牵魂。我和××有个约定，相约去诉说思念的情，如今你依偎在大地的怀抱，就让这约定凝成永恒。

我说要在你远去的路上插一路的玫瑰，你说不，只要一支就够了，一支足以使我生命灿烂。你嗅到了吗？风中飘然而至的花香，就像我所有的祝福在四季的风里为你轻轻吹送，就这样与你告别……

音频示范

4.纲目法练习

将下面的文章，从主题和结构入手，列出纲目。即首先列出主题，然后围绕主题，列出有逻辑联系的内容纲目，并用简明扼要的语言按顺序标出来。然后根据纲目，进行提纲挈领的记忆。

美丽的孤独　无尽的思念

作者：汪国真

也只有在思念的时候，孤独才显得特别美丽。

思念是一种幸福的忧伤，是一种甜蜜的惆怅，是一种温馨的痛苦。思念是对昨日悠长的沉湎和对美好未来的向往。正是在不尽的思念中，人的感情得到了净化和升华。

音频示范

没有距离，便没有思念。当轮船的汽笛拉响，当火车汽笛长鸣，当汽车的轮子开始转动，当飞机冲出跑道腾空而起，思念便开始了。也正是因为有了思念，才有了久别重逢的欢畅，才有了意外邂逅的惊喜，才有了亲友相聚时的举杯庆贺。

思念折磨人，也锻炼人，更铸造了人的性格的沉稳和感情的深沉。

思念别人是一种温馨，被别人思念是一种幸福，当然好的前提是——彼此思念。否则，单相思是一种哀愁，只被别人思念是一种负担。

因为思念，月光被注入了人类浓郁的感情。月亮弯的时候，思念也弯，月亮圆的时候，思念也圆，不论月亮是弯是圆，思念是一首皎洁的诗。思念可以让你流泪，思念也可以让你含笑。不论你是哭着思念，还是笑着思念，在思念的时候，你都会心无旁骛。的确，思念也是一种纯净。

思念在朗月下，思念在黄昏里，思念在秋雨中，美丽的景致，更易勾动人思念的情怀。美丽的景致，也更衬托出那些苍凉的美。

伴随着不尽思念而来的必然是漫长的等待。美国女诗人狄金森说："等待一万年不长，如果终于有爱作为补偿。"这真也可以说是一种思念中的忠贞与豁达。

不论怎么说，思念都是一笔巨大的精神财富。一枚枚凝聚着深情的邮票，一封封散发着温馨的信笺，都是这笔精神财富的内容。

岁月尽可以像落叶一样飘逝，但这笔财富永存。在你迢迢的人生旅途中，它会永远陪伴着你，给你绵绵不绝的温馨和取之不竭的力量！

【任务评价】

进行小组展示和总结，学生自我评价及工作成果展示。详见"任务评价工作手册"。

模块五 形体训练

情景导入

学生小李暑假期间到某殡仪馆实习。他按照馆内要求提前十分钟到达岗位，换好工作服，佩戴好胸牌，在做完接待大厅的卫生保洁工作后，坐在工位上准备开始一天的工作。

这时，进来一位先生咨询殡仪业务。小李随即起身，走出工位迎接那位先生。

先生问道："我姑姑在医院，病情很严重，医生下了病危通知书，他的子女都在国外，正在想办法往回赶，我想咨询一下相关后事如何办理？"

小李手插着兜问道："先生您贵姓？"

先生答："姓张。"

小李示意张先生坐下，并将相应折页单手递给了他，随后坐在他身边为其详细解释丧事办理流程。在解释过程中，小李无意识地靠在椅子背上，跷着二郎腿，手上玩着签字笔。这一切细节被刚刚走过的部门主管看在眼里。

张先生走后，部门主管将小李叫进自己办公室，询问他刚才咨询的情况。在小李将过程叙述一遍后，部门主管说："你能按时到达工位，做好卫生保洁工作，又能主动迎接服务对象，这一切做得很好。然而，你有没有想到在为服务对象解答咨询时有一些需要改进的地方？"

小李若有所思，但是没有意识到自己哪里出了问题。部门主管见状，淡淡一笑，带他走到实习生小王身边。小王正在接待服务对象，她头部正直，双目平视，下颌内收，腰部挺直，双腿并拢，表情亲和自然，正专注倾听服务对象介绍情况，手上记录着交谈中的重要信息。小李看到后，知道了自己的问题，向部门主管说明了自己的不足，表示今后注意改正。

请思考：小李的不足是什么？殡葬司仪行为举止对工作有哪些影响？

知识目标

（1）系统地学习和掌握形体训练的基础理论和训练方法。

（2）理解殡葬司仪形体训练的必要性。

技能目标

（1）通过合理的科学的锻炼过程，塑造和谐健美的形体，提高肢体表达能力。

（2）培养学生把身体的每一个神经细胞都投入到身体的伸屈动作中，让身体充分享受自由、舒缓、伸屈的动作，修塑高贵、纤美的身体形态。

思政与职业素养目标

（1）培养吃苦耐劳、坚韧不拔的品质，认真细致的工作作风。

（2）增进健康和提高用肢体语言表达思想感情的能力，提升殡葬司仪的审美情趣。

任务5-1　基本姿态训练

【任务描述】

作为殡葬司仪，学会基本的姿态，能够恰当地通过肢体表达情感。

【任务要求】

（1）课前必须做好准备活动。

（2）上课时要穿有弹性的紧身服装或宽松的休闲服，穿体操鞋、舞蹈鞋或健身鞋。

（3）上课时不能佩戴饰物，以免发生伤害事故。

（4）课程要有计划有步骤，循序渐进，切忌忽冷忽热、断断续续。要持之以恒，力求系统地掌握形体训练的有关知识和方法。

（5）要保持训练场的整洁和安静。

（6）在做器械练习时，要有专人指导和帮助，特别是联合器械的运用，要注意训练的安全。

（7）在课前和课后要注意补充适当的水，同时要注意饮食营养的合理搭配。

【相关知识】

一、形体训练的内涵

形体训练是一项比较优美、高雅的项目，主要通过舒展优美的综合训练，塑造人们优美的体态，培养高雅的气质，纠正生活中不正确的姿态。可以说，它是礼仪训练的基础。通俗来讲，形体训练就是健康的体魄、优美的仪态、匀称的体型。狭义的形体训练把它定义为形体美训练。

广义的形体训练认为，只要是有形体动作的训练就可以叫作形体训练。这样各式各样的动作都可以称为形体训练，甚至某些服务行业的程式化动作，比如迎宾、端菜、送菜、礼仪姿势等，也被称为形体训练。

用形体美训练来定义形体训练比较确切，这也符合大多数形体训练者的意愿。他们花费大量的时间、金钱和体力进行训练，绝不仅仅是为了活动一下身体，娱乐和游戏更在其次，对自身体态美的塑造才是最终目的。因此，形体训练具有强烈的目的性。

 二、形体训练的作用

1.强化神经功能

形体训练是外环境对机体的一种刺激。这种刺激具有连续、协调、速度、力量的特点，使机体处于一种运动状态。这种状态下，中枢神经将随时动员各器官及系统使之协调、配合机体的工作。经常参加形体训练，能使神经活动得到相应的提高。除此之外，形体训练还要求动作迅速、准确，而迅速、准确的动作又要在大脑的指挥下来完成。

形体训练时，脑和脊髓及周围神经要做出迅速而准确的应答式反应，而脑又要随时纠正错误动作，储存精细动作的信息。经过经常、反复不断的刺激，可以提高人的理解能力、思维能力和记忆能力，从而使大脑更加聪明。所以说，经常参加形体训练，可以加强机体神经系统的功能和大脑的工作能力，使之更加健康和聪明。

2.矫正形体

形体训练有助于殡葬司仪矫正自己的形体，达到理想的体态，从而在殡葬仪式主持过程中展现出优美的体态。

 三、形体训练的方法原理

对于殡葬司仪，除了优秀的自身条件以外，专业的形体训练方法更为重要。专业形体训练的具体方法是：站立，脚跟并拢，双脚脚尖向外打开180度，呈"一"字，术语称为"一位"。可以体验一下，这样站立时人的体态就会特别地挺拔，在造就挺拔体态的同时，也形成了"八字脚"。专业形体训练的科学原理："一位"的核心，是通过双脚的外开，强制人体重心后移。驼背者的重心是在前脚，体态挺拔者的重心是在脚跟，把重心后移到脚跟就可以矫正驼背，这是从根本上矫正。长期地训练，腰背部就会得到很好的锻炼，形成有力的肌肉夹板，使脊柱保持挺拔的体态。

 四、形体训练的内容

形体训练的内容包括基本站立姿势、手位脚位练习、脚步动作组合练习，以及把杆、垫上一系列基本功练习。主要练习基本姿势，即训练正确的立、坐、卧和走、跑及头面部的姿态和表现。基本姿势正确与否，直接影响人各种运动行为的美。日常生活中，有些年轻人往往忽视形体训练，因此经常出现身体不正、弓背含胸、端肩缩脖、腿弯曲等不健康的体态。通过形体训练，从实际出发有针对性地练习一段时间，就会练就出一个健美的形体姿态。另外，人的头面部姿态是表达人类丰富情感的重要方式，形体训练使它能有正确的姿势与表现。

1. 基本姿态练习

人的基本姿态是指坐、立、行、卧。当这些基本姿态呈现在人们眼前时会给人一种感觉，如身体形态所显示的端庄、挺拔、高雅，给人的印象是赏心悦目的美感（包括日常活动的全部）。由于一个人的姿态具有较强的可塑性，也具有一定的稳定性，通过一定的训练，可以改变诸多不良体态，如斜肩、含胸、松垮、行走时屈膝晃体、步伐拖沓等。

2. 基本素质训练

形体基本素质训练是形体训练的最重要内容之一，在练习中可采用单人练习和双人配合练习两种形式。通过大量的练习，可对人体的肩、胸、腰、腹、腿等部位进行训练，以提高人体的支撑能力和柔韧性，为塑造良好的人体形态、改善形体的控制力打下良好的基础。形体基本功练习的内容较多，在训练时，应本着从易到难、从简单到复杂的原则；同时也要注意自己和配合者的承受能力，不能超负荷，以免发生伤病事故。

3. 基本形态控制练习

基本形态控制练习是对练习者身体形态进行系统训练的专门练习，是提高和改善人体形态控制能力的重要内容，是通过徒手、把杆、双人姿态等大量动作的训练，进一步改变身体形态的原始状态，逐步形成正确的站姿、坐姿、走姿，提高形体动作的灵活性。这部分练习比较简单，个别动作要求比较严格，训练必须从严要求，持之以恒。

【任务实施】

1. 标准站姿准备

两腿并拢站立，双手自然下垂，目视前方。

2. 放松双肩

头正肩平。

3. 站立姿态的训练

站立姿态是最简单也是最基本的动作姿态，它是动态动作的基础。站立姿态的要求应是正直、挺拔、抬头、挺胸、沉肩拔背、大腿内收，表现出气宇轩昂、富有朝气的良好气质和形态。

① 借助把杆练习进行训练。正面扶把站立，两大小腿肌肉内侧髋部肌肉收紧，两腿并拢，膝盖伸直同时用力后顶，挺胸、收腹、立腰，颈部挺直，下颌微抬。可以选择优美的音乐，让练习者体会音乐内在的思想感情以表现音乐形象的塑造。

② 在每次训练前先让学生靠墙站立20～30分钟，要求脚跟、臀部触及墙，身体其余部

位不能触墙。以此作为每天的训练内容之一，持之以恒，打好形体训练的基础。

4.走姿训练

（1）行走辅助训练

① 摆臂。人直立，保持基本站姿。在距离小腹两拳处确定一个点，两手呈半握拳状，斜前方均向此点摆动，由大臂带动小臂。

② 展膝。保持基本站姿，左脚跟起踵，脚尖不离地面，左脚跟落下时，右脚跟同时起踵，两脚交替进行，脚跟提起的腿屈膝，另一条腿膝部内侧用力绷直。做此动作时，两膝靠拢，内侧摩擦运动。

③ 平衡。行走时，在头上放个小垫子或书本，用左右手轮流扶住，在能够掌握平衡之后，再放下手进行练习，注意保持物品不掉下来。通过训练，使背脊、脖子竖直，上半身不随便摇晃。

（2）迈步分解动作练习

① 保持基本站姿，双手叉腰，左腿擦地前点地，与右脚相距一个脚长，右腿直腿蹬地，髋关节迅速前移重心，成右后点地，然后换方向练习。

② 保持基本站姿，两臂体侧自然下垂。左腿前点地时，右臂移至小腹前的指定点位置，左臂向后斜摆，右腿蹬地，重心前移成右后点地时，手臂位置不变，然后换方向练习。

（3）行走连续动作训练

① 左腿屈膝，向上抬起，提腿向正前方迈出，脚跟先落地，经脚心、前脚掌至全脚落地，同时右脚后跟向上慢慢踮起，身体重心移向左腿。

② 换右腿屈膝，经过与左腿膝盖内侧摩擦向上抬起，勾脚迈出，脚跟先着地，落在左脚前方，两脚间相隔一脚距离。

③ 迈左腿时，右臂在前；迈右腿时，左臂在前。

④ 将以上动作连贯运用，反复练习。

5.坐姿

坐姿是一种可以维持较长时间的工作劳动姿势，也是一种主要的休息姿势，更是人们在社交、娱乐中的主要身体姿势。良好的坐姿不仅有利于健康，而且能塑造殡葬司仪沉着、稳重、文雅、端庄的个人形象。坐姿训练有以下要点：

① 精神饱满，表情自然，目光平视前方或注视交谈对象。

② 身体端正舒展，重心垂直向下或稍向前倾，腰背挺直，臀部占座椅面的2/3。

③ 双膝并拢或微微分开，双脚并齐。

④ 两手可自然放于腿上或椅子的扶手上。

⑤ 头上顶书，训练15～20分钟。

【任务评价】

进行小组展示和总结，学生自我评价及工作成果展示。详见"任务评价工作手册"。

任务5-2　柔韧性训练

【任务描述】

通过训练，要求学生有较好的身体柔韧度，能塑造良好的体态。

【任务要求】

（1）在进行较大强度肌肉伸展练习前，必须做热身活动，使身体微微出汗。

（2）肌肉伸展产生了紧绷感或感到疼痛时就应该停止练习，防止拉伤。

【相关知识】

一、柔韧性的定义

柔韧性是指人体关节活动幅度以及关节韧带、肌腱、肌肉、皮肤和其他组织的弹性和伸展能力，即关节和关节系统的活动范围。

柔韧性可以分为主动柔韧性和被动柔韧性。主动柔韧性是指利用肌肉可以使关节活动的范围，被动柔韧性则单纯是关节活动的最大范围。一般来说，女性和幼童的被动柔韧性比较强，但是因为相应的肌肉发展不足，所以通常在主动柔韧性方面不及成年男性。但是无论如何，主动柔韧不可能超出被动柔韧的活动范围。

影响柔韧性即关节活动范围的因素有：关节骨结构，关节周围组织的体积，韧带、肌腱、肌肉和皮肤的伸展性。其中，最后一项与提高柔韧性关系最大。

柔韧不仅取决于结构的改变，也取决于神经对骨骼肌的调节，特别是对抗肌放松、紧张的协调。协调性改善可以保证动作幅度加大。提高柔韧性可采用拉长肌肉、肌腱及韧带等组织的方法，有爆发式（急剧地拉长）和渐进式两种。其中，渐进式可以放松肌肉，使筋腱缓慢地拉长，不易引起损伤。

二、柔韧性训练的重要性

柔韧素质是指人体各个关节的活动幅度以及肌肉、肌腱和韧带等软组织的伸展能力，它是身体素质的重要组成部分。热爱运动健身的人群中，很大一部分都只注重力量、速度、耐力和技术的训练，却在很大程度上忽视了柔韧性训练，从而造成在取得一定进步后进入漫长的瓶颈期，始终无法取得更好的锻炼效果，甚至出现伤病情况。在此，从三个方面阐述柔韧性训练的重要性。

1.可以有效地预防运动损伤

大量的训练实践证明，加强柔韧性练习，可以增强肌肉的弹性，增加肌腱和韧带的韧性，有效地防止运动损伤的发生。

2.有助于提高中枢神经系统对肌肉的调节能力

柔韧性训练可以使中枢神经系统对骨骼肌的调节功能得到提高，特别是有利于主动肌与对抗肌之间的协调性的改善，可以使主动肌收缩充分，降低运动阻力，改善肌肉的放松能力，保证运动幅度的加大，使技术动作更省力、更轻松。

3.能提高力量训练的效果

柔韧性与肌肉力量相辅相成，相互影响。

柔韧性训练是整个训练体系中不可或缺的重要组成部分，必须充分认识到它的重要作用，而不能把它看成是一种辅助性的训练，只有切实抓好柔韧性训练，才能取得更好的训练收效与进步。

三、柔韧性的练习方法

（一）发展柔韧性的练习方法

1.主动或被动的静力性伸展法

主动或被动的静力性伸展练习是一种行之有效且比较流行的伸展方法。它是缓慢地将肌肉、肌腱、韧带拉伸到有一定酸、胀和痛的感觉的位置，并维持此姿势一段时间，一般认为停留10～30秒是理想时间，每种练习连续重复4～6次为最好。这种方法可以比较好地控制使用力量，比较安全，尤其适合于活动少和未经训练的人，它由于拉伸缓慢可避免拉伤。

2.主动或被动的弹性伸展法

主动或被动的弹性伸展练习是指有节奏的、速度较快的、幅度逐渐加大的多次重复一个动作的拉伸方法。主动的弹性伸展是靠自己的力量拉伸；被动的弹性伸展是靠同伴的帮助或负重借助外力的拉伸。利用主动或被动的弹性伸展法进行练习时，所用的力量应与被拉伸的关节的可能伸展力相适应，如果大于肌肉组织的可伸展能力，肌肉或韧带就会拉伤。在运用该方法时用力不宜过猛，幅度一定要由小到大，先做几次小幅度的预备拉伸，再逐渐加大幅度，从而避免拉伤。

（二）发展柔韧性锻炼模式

1.柔韧性练习强度

柔韧性练习应采用缓慢、放松、有节制和无疼痛的练习，做到"酸加""痛停""麻停"。只有通过适当的努力，柔韧性才会提高。随着柔韧性在锻炼过程中的提高，练习强度应逐渐加大。

2.柔韧性练习的时间和次数

柔韧性每种姿势练习的时间和次数是逐渐增加的，应从最初的10秒练习时间，逐渐增加至30秒，每种姿势重复次数应在3次以上。如果是平时体育锻炼时的柔韧性练习，5～10分钟的时间就足够了；如果是专门为了提高柔韧性练习或运动员的训练，则练习时间必须达到15～30分钟。

3. 循序渐进

柔韧性练习易产生不适感，甚至酸痛感，经过一个时期的练习，疼痛感和不适感才能消除。如果柔韧性练习停止一段时期，已获得的效果就会有所消退。因此，柔韧性练习要持之以恒才能见效。

4. 柔韧性练习要全面

不论是准备活动中的伸展练习，还是专门发展某些关节柔韧性练习，都要兼顾到身体各关节柔韧性的全面发展。因为在身体活动中，完成动作要涉及几个相互关联的部位甚至全身。

5. 柔韧性练习之后应结合放松练习

每次伸展练习之后，应做些相反方向的练习，使供血供能机能加强，这有助于伸展肌群的放松和恢复，如压腿后做几次屈膝下蹲动作。

【任务实施】

柔韧性训练方法就具体形式来讲有两种，一种是主动练习法，另一种是被动练习法。主动练习法是指练习者依靠自己的力量使肌肉拉长，加大关节活动的灵活性；被动练习法是指练习者通过他人的帮助，借助外力使肌肉被拉长，并使关节活动范围增大。

1. 腿髋部柔韧性的训练方法

（1）正压腿　主要用来发展腿部后侧肌肉的柔韧性。面对横木或一定高度的物体站立，一腿提起，把脚跟放在横木上，脚尖勾紧；两手扶按在膝关节处，两腿伸直，腰背挺直，髋关节摆正，上体前屈并向前、向下做压振动作。两腿交替进行。

动作要点：两腿都要伸直；上体向前、向下压振时腰背要直。压振时幅度由小到大，直到能用下颌触及脚尖。

（2）侧压腿　主要用来发展腿部内侧肌肉的柔韧性。侧对横木或有一定高度的物体，一脚支撑，另一脚抬起，脚跟放在横木上，脚尖勾紧；两腿伸直，腰背保持直立，髋关节正对前方，然后上体向放横木的腿侧倾倒压振。左右腿交替进行。

动作要点：上体保持直立向侧、向下压振；压振幅度逐渐加大，髋关节一直正对前方。

（3）后压腿　主要用来发展腿部前侧肌肉的柔韧性。背对横木或有一定高度的物体，一腿支撑，另一腿后举起，脚背放在横木上，腿和脚背都要伸直，上体直立，髋关节正对前方，上体向后仰并做压振动作，左右腿交替进行。

动作要点：两腿挺膝，支撑腿直立且全脚着地站稳；挺胸、展髋、腰后屈；后压振幅度逐渐加大。

（4）前压腿　主要用来发展腿部后侧肌肉和髋关节的柔韧性。练习者一腿屈膝支撑，另一腿向前伸直，脚跟触地，脚尖勾紧上翘，踝关节紧屈；两手抓紧前伸的脚，上体前俯；两臂屈肘，两手用力后拉，同时上体尽力屈髋前俯，用头顶和下颏触及脚尖。略停片刻后上身直起，略放松后接着做下一次。两脚交替进行。

动作要点：挺胸直背，塌腰前俯；挺膝坐胯，屈髋触脚。

（5）仆步压腿　主要用来练习大腿内侧和髋关节柔韧性。具体方法：两脚左右开立，左腿屈膝全蹲，全脚着地；右腿挺膝伸直，脚尖内扣，尽量远伸，上体先不起来。然后起来，将身体重心从左脚移至右脚，成另一侧的仆步。可一手扶，另一手按另一膝，向下压振。亦可两手分别抓住左右脚，做向下压振和左右移换身体重心的动作。

动作要点：挺胸塌腰，下振时逐渐用力，左右移动时要低稳缓慢。开胯沉髋，挺胸下压，使臀部和腿内侧尽量贴近地面移动。

（6）竖叉　主要用来练习大腿前后侧和髋部柔韧性。具体方法：两腿前后分开成一条直线，前腿的脚后跟、小腿腓肠肌和大腿后肌群压紧地面，脚尖勾紧上翘，正对上方；后腿的脚背、膝盖和股四头肌压紧地面；脚尖指向正后方；髋关节摆正与两腿垂直，臀部压紧地面；上体正直。可做上体前俯，压紧前面腿的前俯压振动作，亦可做上体后屈的向后压振动作，增大动作难度和拉伸幅度，动作幅度由小到大，逐渐用力。

动作要点：挺腰直背，沉髋挺膝；前俯勾脚，后屈伸踝。

（7）横叉　主要用来练习大腿内后侧和髋关节柔韧性。具体方法：两腿左右"一"字伸开，两手可辅助支撑；两腿的小后侧着地，压紧地面，两脚的脚跟着地，两脚尖向左右侧伸展或勾紧胯充分打开，成"一"字形。可上体前俯拉长腿后侧肌肉并充分开胯；亦可上体向左右侧倒，充分拉长大腿内后侧肌肉并增大胯的活动幅度。

动作要点：挺腰立背，开胯沉髋；挺膝勾脚，前俯倾倒。

2.腰部柔韧性的训练方法

（1）前俯腰　主要用来练习腰部向前运动的能力和柔韧性。具体方法：并步站立，两腿挺膝夹紧，两手十指交叉，两臂伸直上举手心向上。然后上体弯腰前俯，两手心尽量向下贴紧地面，两膝挺直，髋关节屈紧，腰背部充分伸展。两手松开，用双手从脚两侧屈肘抱紧脚后跟，使胸部贴紧双腿，充分伸展腰背部。持续一定时间后再放松起立。还可以在双手触地时向左右侧转腰，用两手心触及两脚外侧的地面，增大腰部伸展时左右转动的柔韧性。

动作要点：两腿挺膝直立，挺胸塌腰，充分伸展腰背部，胸部与双腿贴紧。

（2）后甩腰　主要用来练习腰部向后运动的柔韧性。具体方法：并步站立，练习时一腿支撑，另一腿向后上直腿摆动。同时，两臂伸直，随身体向后屈做向后的摆振动作，使腰背部被充分压紧，腰椎前面充分伸展。

动作要点：后摆腿和上体后屈振摆同时进行；支撑腿膝伸直；头部和双臂体后屈做协调性后摆助力动作。

（3）腰旋转　主要用来练习腰部的左右旋转幅度。具体方法：两脚左右开立略宽于肩，两臂自然垂于体侧，以髋关节为轴上体前俯，然后以腰为轴，使上体自前向右再向左，做顺时针或逆时针旋转；同时，双臂随上体做顺时针或逆时针的环绕动作，以增加腰部旋转的幅度和力度。

动作要点：尽量增大绕环幅度，速度由慢到快，使腰椎关节完全得到活动、伸展。

3.被动形式的训练方法

（1）腿部和髋部的练习方法　多采用各种形式的搬腿。同伴握紧自己的脚，做正搬、侧搬、后搬等助力拉伸动作，也可采用各种形式的按和踩的方法。如进行横叉或竖叉练习时，同伴或指导教师可利用脚踩或手按练习者髋部的办法，助其达到拉伸的目的。

（2）腰部的被动练习法　主要是利用压桥法。同伴或指导教师用自己的双脚顶住或踩住练习者的双脚，用双手拉住练习者双臂或双肩，用力使练习者的双肩后部尽量靠近两脚跟，使练习者的腰椎关节得到完全伸展和收缩，增强腰部的柔韧性。

【任务评价】

进行小组展示和总结，学生自我评价及工作成果展示。详见"任务评价工作手册"。

任务5-3　把杆训练

【任务描述】

通过把杆训练，塑造良好的体态。

【任务要求】

（1）教师准备：音箱、话筒、把杆训练场地。

（2）学生准备：运动服、运动鞋。

【相关知识】

把杆是形体基础训练用的一种专业器材，它是为了帮助练习者完成动作时调整重心、掌握平衡用的，以避免在支撑困难的情况下导致错误动作的出现。把杆训练是气息、力量、稳定性及柔韧性的结合，是全方位综合训练的基础。

【任务实施】

1.肩部训练

（1）压肩　身体直立，双臂向前伸直与肩平并与肩同宽。然后向把杆方向自然前弯腰，双手前臂搭在把杆上，双腿垂直于地面。挺胸、低头、肩关节松弛，上身前倾，胸部尽力向地面压，重心于两腿间。根据自身条件调整压肩的幅度，可先慢，再加快节奏，压肩时手臂、腿、躯干充分伸直，不要弯曲，连续多次重复进行练习，直到把肩压开为止。可以两人一组互相辅助进行练习，其中一人用双手上下"十"字重叠放在把杆上的人的后背两肩胛骨之间，帮助其向下压肩，压到最大幅度时，停耗一段时间，效果更佳。帮助压肩要由轻到重、由慢到快，不可突然用力，以免造成损伤。

（2）甩肩　身体侧对把杆或背对把杆站立，双脚自然开立，两手臂自然下垂。然后双臂向头上三位后方用力向上甩肩。双臂向上甩的同时要求身体挺直并尽力拉长，双手再回到自然位。可单臂交替进行，反复多次进行练习。

（3）开肩　身体侧对把杆或背对把杆站立，双脚自然开立，两手臂自然下垂。然后双臂经胸前打开到大七位手，向身体后侧尽力打开。双手再回到胸前交叉位，反复多次进行练习。

肩的训练十分重要，是软度训练的一部分。压肩时手臂和腿不能弯曲，头、颈与地面应保持平行，大腰放松、胸腰尽力下压，要忍住肩部关节的疼痛。可以有节奏地做，也可以耗住不动。

2.腿部训练

（1）压前腿　两腿要绷直，主力腿的脚要有抓住地面的感觉。

（2）压旁腿　挺后背，收肚子，收臀部，开胯、收胯。下压旁腿时不能向前倾，也不能后躺，要保持正直。

（3）压后腿　肩要正，上身平压，收腹，胯要放端正。主力腿一边的肩要多压一些，主力腿的脚要抓地。

【任务评价】

进行小组展示和总结，学生自我评价及工作成果展示。详见"任务评价工作手册"。

模块 六
洽谈训练

课程思政资源

情景导入

新入职不久的业务洽谈人员小王，如往常一样早早到岗，穿好工作服，戴好胸牌。他刚做完业务厅的卫生保洁工作，把办公用品一一准备好。一位中年女士前来咨询。

小王将女士引导到接待席，请女士坐下，为其倒了杯温水，又拿了记录本和笔，坐下来与女士详细交谈起来。

女士介绍说她的先生是一位作家，在市里小有名气，有不少成名作，因为以书会友，因此各层面的朋友也不少，但是因为身体原因不幸离开人世，希望能为她的先生办一场有特色的告别仪式。参加仪式人员预计100余人，希望有签到桌，请来宾留言……

小王在女士介绍过程中认真聆听并记录下细节，不时肯定她先生写书取得的成就，并安慰女士悲伤的情绪，多方面了解其对告别仪式的需求，并就仪式风格、色调、流程等与女士一一沟通、确认，最终达成一致。女士欣然接受了小王的告别仪式方案，决定将告别仪式交给小王策划和组织，并交纳了先期的服务费用。

领导看到了小王与女士的洽谈过程，对其出色的表现进行了表扬。

知识目标

（1）仪容仪表的准备。
（2）服务环境的准备。
（3）工作的准备。

技能目标

（1）了解服务对象需求。
（2）了解服务对象的消费心理和特征。
（3）掌握业务洽谈的技巧。
（4）可自如应对洽谈中的僵局。

思政与职业素养目标

（1）通过沟通交流，学会对生命的赞美，培养学生对社会及他人的爱心，实现人格上的全面发展。

（2）通过培养学生善于沟通的能力，锤炼出宽广的心胸、豁达的心性。

（3）开展正确的世界观、人生观、价值观教育，注重培育学生的人文精神，帮助每一个学生真正认识到生命之珍贵、生命之衰亡、生命之和谐。

核心概念

洽谈准备；洽谈演练

任务6-1　洽谈准备

【任务描述】

通过业务洽谈学习，了解服务对象的需求，掌握殡葬服务流程。

【任务要求】

洽谈前，业务人员应做到仪容仪表符合礼仪规范；业务厅干净整洁，办公家具和花木摆放整齐；办公设备运行良好，用品齐全等。

【相关知识】

一、仪容仪表准备

仪容仪表不仅体现了个人的精神面貌，也代表着单位的服务形象，它包括人的仪容、服饰、姿态和个人卫生等方面，人们常说的"第一印象"多半来自此。端庄的仪容仪表才能帮助业务洽谈人员在第一时间取得客户信任，赢得尊重，也可为后面的洽谈争取有利条件。

（一）殡葬司仪着装的基本要求

1. 工作服

业务人员在工作前应按单位规定穿好工作服，这不但方便服务对象辨认，还易使服务对象产生信任感，感受到业务人员的专业性。业务人员工作服应合身，熨烫平整，洁净无污渍，纽扣齐全无损。穿西服时，宜内衬白（灰、蓝）色衬衫，衬衫下要放进裤腰内，领口扣好；佩戴领带、丝巾，领带、丝巾颜色与花色要与工作服、衬衫相协调。领带应位于衬衫"V"字区中心，领结饱满、周正，如使用领带夹，应夹在衬衫第三和第四颗纽扣之间；丝巾应保持干净，围在脖颈处或衬衫衣领下，打结处需平整。上衣外面口袋和裤兜不宜装过多东西。

2.鞋袜

鞋袜应以深色皮鞋为宜，皮鞋表面须清洁光亮。不应穿有破损的鞋；不应穿有破洞、挑丝或补过的袜子。男业务人员袜子应与鞋的颜色相协调，一般为黑（蓝、灰）色；女业务人员的袜子宜与肤色或鞋的颜色相近，袜口不能外露。

3.服务牌

业务洽谈人员应按单位规定佩戴胸牌，正确佩戴方式有两种：一是将服务牌端正地别在左胸处；二是将服务牌端正地挂在胸前。业务洽谈人员不应将胸牌随意别在领子上、裤子上或将其套在手腕上，更不应将胸牌戴得歪歪扭扭；不应佩戴破损、污染、掉字或模糊不清的服务牌。

4.饰物

业务人员仪容仪表应庄重，不宜佩戴色彩艳丽、夸张的耳环、戒指（结婚戒指除外）、胸花、手镯、手链、项链等，宜佩戴手表（色彩艳丽、大的装饰手表除外）。一般饰物不超过两件（耳饰算为两件）。

5.面部修饰

业务洽谈人员面部应洁净。男业务人员应将胡须剃净，修剪鼻毛，保持面部干净清爽。女业务人员要化素雅淡妆，不可浓妆艳抹，不宜用色彩夸张和气味浓烈的化妆品。

6.口腔、手部、身体卫生

业务洽谈人员应勤洗澡勤换衣，身上不应有异味；在工作前忌食葱、蒜、韭菜、臭豆腐、榴莲等异味食品，要保持口腔清洁；保持手部清洁，经常修剪指甲，不应续长指甲或在手臂上刺字和纹绣等；不应涂有色的指甲油和在指甲上进行艺术彩绘。

7.发部修饰

业务洽谈人员在工作前头发要整齐、干净、清爽、秀美，发型以短为宜，不得有头屑，不应剃光头，不应续新潮、怪异的发型，不应染彩色头发，或将头发烫得过于繁乱。男业务人员头发长度标准为：前发不覆额，侧发不掩耳，后发不触领，不留长发、大鬓角和小胡子。女业务人员最好剪短发，前发不过眼，长度不过肩，不梳披肩发型，如果是长发，可将其束起来，宜选用深色无明显花色图案的发饰，避免使用色泽艳丽、形状怪异的发饰。

（二）殡葬司仪服饰的礼仪哲学

1.TPO原则

TPO是西方人提出的服饰穿戴原则，分别是英文中时间（time）、地点（place）、场合（occasion）三个单词的缩写。穿着的TPO原则，要求人们在着装时以时间、地点、场合三项因素为准。

（1）时间原则　时间既指每一天的早、中、晚三个时间段，也包括每年春夏秋冬的季节更替，以及人生的不同年龄阶段。时间原则要求着装考虑时间因素，做到随"时"更衣。

比如：通常人们在家中或进行户外活动，着装应方便、随意，可以选择运动服、便装、休闲服。而工作时间的着装则应根据工作特点和性质，以服务于工作、庄重大方为原则。

另外，服饰还应当随着一年四季的变化而更替变换，不宜标新立异，打破常规。夏季以凉爽、轻柔、简洁为着装格调，在使自己凉爽舒服的同时，让服饰色彩与款式给予他人视觉和心理上良好的感受。层叠皱褶过多、色彩浓重的服饰不仅使人燥热难耐，而且一旦出汗就会影响女士面部的化妆效果。冬季应以保暖、轻便为着装原则，避免臃肿不堪，也要避免要风度不要温度，为形体美观而着装太单薄。

（2）地点原则　地点原则代表地方、场所、位置不同，着装应有所区别，特定的环境应配以与之相适应、相协调的服饰，才能获得视觉和心理的和谐美感。

（3）场合原则　不同的场合有不同的服饰要求，只有与特定场合的气氛相一致、相融合的服饰，才能产生和谐的审美效果，实现人景相融的最佳效应。

例如，在办公室或外出处理一般类型的公务，服饰应符合一般的职业正装要求。

正式场合应严格符合穿着规范。比如，男子穿西装，一定要系领带，西装里面有背心的话，应将领带放在背心里面。西装应熨得平整，裤子要熨出裤线，衣领袖口要干净，皮鞋锃亮等。女子不宜赤脚穿凉鞋，如果穿长筒袜子，袜子口不要露在衣裙外面。

2.穿着与形体肤色相协调

人的身材有高矮胖瘦之分，肤色有深浅之差，我们可以选择服饰的质地、色彩、图案、造型、工艺，达到美化自己的目的。

比如说，体型偏胖的人穿横条衣服更会显得肥胖。身材矮小者适宜穿造型简洁、色彩明快、小花型图案的服装。脖子短的人穿低领或无领衣可以使脖子显得稍长。

另外，中国人的皮肤颜色大致可以分为白净、偏黑、发红、黄绿和苍白等几种，穿着必须与肤色在色彩上相协调。肤色白净者，适合穿各色服装；肤色偏黑或发红者，忌穿深色服装；肤色黄绿或苍白的人，最适合穿浅色服装。

3.服饰的色彩哲学

色彩因其物理特质，常对人的生理感觉形成刺激，诱发人们的心理定势和联想等心理活动，色彩还具有某种社会象征性，许多色彩象征着某种性格、情感、追求等。如：

黑色，象征神秘、悲哀、静寂、死亡，或者刚强、坚定、冷峻；

白色，象征纯洁、明亮、朴素、神圣、高雅、恬淡、空虚、无望等；

黄色，象征炽热、光明、庄严、明丽、希望、高贵、权威等；

大红，象征活力、热烈、激情、奔放、喜庆、福禄、爱情、革命等；

粉红，象征柔和、温馨、温情等；

紫色，象征高贵、华贵、庄重、优越等；

橙色，象征快乐、热情、活力等；

褐色，象征谦和、平静、沉稳、亲切等；

绿色，象征生命、新鲜、青春、新生、自然、朝气等；

浅蓝，象征纯洁、清爽、文静、梦幻等；

深蓝，象征自信、沉静、平稳、深邃等；

灰色是中间色，可象征中立、和气、文雅等。

服饰的色彩搭配的基本方法一般包括同色搭配法、相似搭配法和主辅搭配法三种。同色搭配法是指把同一颜色按深浅、明暗不同进行搭配，如浅灰配深灰、墨绿配浅绿等。相似搭配法是指邻近色的搭配，如橙色配黄色、黄色配草绿、白色配灰色等。主辅搭配法则是指以一种色彩为整体的基调，再适当辅以一定的其他色的搭配。但无论如何，服饰配色都要坚持一条最为基本的原则，即调和。一般来说，黑、白、灰三色是配色中的最安全色，最容易与其他色彩搭配以取得调和的效果。

再有，值得注意的是，服饰色彩还应与一个人的身材、肤色等协调一致，比如深色有收缩感，适宜肥胖者穿戴，而浅色的料子有扩张性，身材瘦小者穿上后有丰腴的效果。

（三）把制服穿出职业风采

1. 制服应当合身

制服的款式、颜色是统一规定的，不能随意更改。但是，每个人的身高不同、身材各异，要将制服穿得"有模有样"，展示出制服原本的设计意图，就必须穿着尺寸合身的制服。

试穿制服的方法：将全部的扣子都扣上，看肩膀等处的线条是否流畅，领围大小是否合适；将手臂抬起、放下，弯弯臂肘，看会不会出现紧绷的感觉；做一个伸展动作，感觉是否有某处太紧或太松；坐下来，感觉一下裤装的臀部是否舒适，看看裙子的长短是否得体；慢慢蹲下身，看看是否有过于紧绷的地方；来回走走，请同事看看袖长、裤长是否太长或太短。

2. 男性殡葬司仪制服着装礼仪

很多男士制服都以西服套装为基本款式，因此，男性殡葬司仪应当掌握西服套装的着装礼仪。

西服套装可以分为两件套和三件套。两件套西服套装包括一件西服上衣和一条西服裤子。三件套西服套装包括一件西服上衣、一条西服裤子和一件西服背心。按西装上衣的纽扣数量划分，可分为单排扣和双排扣两类。而单排扣西装又可分为一粒扣、两粒扣和三粒扣三种。西装背心只能和单排扣西装上衣配套。双排扣的西装上衣，常见的有两粒扣、四粒扣、六粒扣三种。穿西服之前，一定要把上衣左袖口的商标或其他表明该西服质地等说明的标志拆掉。

西服纽扣的系法：双排扣西服，所有扣子都要扣好。单排扣西服：两粒扣西服的扣子，传统的方法是只系上面一粒扣，下面那粒通常不系上；三粒扣西服的扣子，正式场合可以系上面两粒扣子，只系中间一粒也可以，但最下面那粒扣子通常不系上。单位有统一规定时，应按照单位规定系好扣子。

西裤门襟有的采用的是纽扣，有的采用的是拉链。不管是哪种，都要时刻注意拉好拉链或把扣子全部系上，而且腰线处的挂钩也要挂好。

穿西服套装必须穿皮鞋。在正式场合穿的皮鞋，以没有任何装饰的系带皮鞋最为合适。搭配正装的皮鞋颜色以黑色、深咖啡或深棕色较为合适。便鞋、布鞋和旅游鞋搭配休闲装和运动装比较合适，不能用来搭配正装西服。磨砂皮鞋、翻毛皮鞋、厚底皮鞋或高帮皮鞋也不可以搭配西服套装。

搭配西服的袜子应当与西裤颜色尽量一致，最好为吸汗透气的棉质袜子，袜筒要足够长，保证站、坐、走的时候小腿皮肤不会露出。女士不要穿常穿的尼龙丝袜、彩袜、花袜。发光、发亮的浅色袜子也不可以在正式场合出现。白色袜子可以搭配白色皮鞋和白色西裤，不能搭配深色西裤和深色皮鞋。

西裤的腰带要松紧适宜。不要在腰带上挂钥匙、手机等。腰带在系好后，尾端应该介于第一和第二个裤袢之间，不要太短也不要太长。一般腰带宽度为3厘米。腰带系好后，腰带扣与西裤门襟拉链在一条纵向直线上。

西裤的挺缝线一定要笔直、自然地垂到鞋面正中。裤子的长度从后面看应该刚好到鞋跟和鞋帮的接缝处。如果想让腿看起来更修长，那么裤筒的长度可以延伸到鞋后跟1/2处。西服上衣的袖子不要过长，在手臂向前伸直时，衬衫袖子露出2～4厘米为佳。西服的衣领不要过高，一般在站直时，衬衫领口以外露2厘米左右为佳。

在正式场合中，应将西服套装穿好，不能当众随便地脱下西服上衣，也不能把衣袖挽上去或是卷起西裤的裤筒。为使西装在外观上不走样，西装上衣、背心和裤子的口袋都要少装甚至不装东西。

与西服搭配穿着的衬衫，尺码要合适。衬衫领围大小要合适，宽松度以能插入两指为宜，领口要干净、平整、不起皱。衬衫的袖隆、胸围要松紧适度，下摆不能过短。打领带时，衬衫的所有纽扣都要系好。不打领带时，衬衫领口的扣子才可以不系。穿长袖衬衫时，要把下摆均匀地掖到裤腰里面。

在正式工作场合穿西服套装必须打领带。打领带时，要把领带结打得端正、挺括，外观上呈倒三角形。领带打好之后，外侧应略长于内侧。站直的时候，领带尖正好落在腰带扣范围内，是最适宜的长度。穿好西服上衣系好衣扣后，领带应放于西服上衣与衬衫之间。穿西服背心时，领带应放于西服背心与衬衫之间。

3. 女性殡葬司仪制服着装礼仪

女性殡葬司仪职业套装款式的制服，最常见的是西服套装。女士的西服套装款式又可分为套裙和套裤两类，依照欧洲传统习惯，套裙比套裤更为正式。

西服套裙中的上衣是平整、贴身剪裁的女士西装，下面搭配的是西服裙，俗称"一步裙"。女士制服的款式，在领型、袖口等细节之处会有较大的变化，有时不一定采用西服领，但衣肩部的线条干练，胸部、腰部、臀部贴近人体曲线，这些特点使得职业套裙与传统的西服套裙一样具有很强的职业感。

套裙应当认真穿好。要穿得端正，衣领翻好，衣扣扣好，正式场合不可以随便解开扣子，更不可以在公众场合随便脱下上衣。即使里面穿着正式的衬衣，脱外衣时也要避人。当着别人的面脱下衣服或解开原本束在一起的头发，都是不雅举止，有轻浮之嫌。

职业套裙中的裙子，最适宜的长度：裙短不雅——最好不短于膝盖以上3厘米；裙长无神——不长于膝盖以下5厘米。穿套裙时要把裙子里的衬裙拉平，不要让衬裙在里面皱成一团。

殡葬司仪在正式工作场合不能光腿，必须穿与套裙相配的丝袜。不可以把健美裤、九分裤当成袜子来穿。搭配套裙时，应当选择弹力好的长筒丝袜。袜子脏、残、破、皱或是袜口露出，都会破坏套裙的整体美。

与职业套裙相配的鞋最好是传统式样的船鞋，鞋的颜色与式样要与套装相互搭配，鞋跟高度以2～4厘米为宜。

女士的职业套装可搭配丝巾。

（四）配饰体现修养

得体的配饰能够提高服装的整体造型水平，为服装增光添彩。各种配饰款式繁多且风格各异，合理选择配饰，能够反映出殡葬司仪不俗的审美品位，是殡葬司仪素质高、修养好的具体表现。

> **案 例**
>
> 殡葬司仪小张为家属王女士提供服务，为逝者提供治丧方案。小张给家属提供了几个方案，家属都觉得不满意，觉得价格过高。
>
> 小张一只手的手腕上佩戴了玉镯，每当她拿东西或进行业务推荐操作时，就会发出"叮叮当当"的响声。
>
> 随着手的动作频繁发出响声之后，王女士突然烦躁起来，她愤怒地问："你们的服务项目价格为什么都这么贵？"
>
> 小张耐心地解释相关规定，但王女士完全听不进去。她看着工作人员手腕的玉镯，发出冷笑："你们殡仪馆就是暴利，看看你手上那名贵的玉镯，你们这样披金戴银，哪里还有为人民服务的形象？"
>
> 王女士越说越激动，小张也很委屈，因为镯子是家里传下来的，事实并非像王女士想象的那样。
>
> 殡葬工作过程，家属情绪不稳定，不合适的穿戴和行为容易引起误会，因此，殡葬司仪要特别关注细节。

1. 饰品佩戴原则

（1）殡葬司仪饰品佩戴总的原则——"符合身份，以少为佳"。

（2）数量原则　选择佩戴饰品应当起到锦上添花、画龙点睛的作用，而不应过分炫耀、刻意堆砌，切不可画蛇添足。对于殡葬司仪，我们提倡不戴，如果在特定场合需要佩戴，则上限不过三。

（3）质色原则　人际交往中，女士佩戴两种或两种以上的首饰，并以"同质同色"为宜，即质地色彩相同。

2. 殡葬司仪携带其他物品的礼仪

（1）胸卡　胸卡是佩戴在胸前以示工作人员身份的卡片类标志牌，殡葬司仪工作时应按照本单位的规定佩戴胸卡。

胸卡上可以标明单位名称、所属部门、员工职务与姓名等信息，不同岗位的员工还可佩戴不同颜色的胸卡，便于客户识别殡葬司仪的身份。胸卡应由单位统一定制并下发，未经领导同意，员工不可佩戴自行仿制的胸卡。

佩戴胸卡时，应注意将胸卡佩戴于规定的位置，并保持胸卡干净整洁、完好无缺。胸卡上的字迹模糊或缺损时，应及时更换新的胸卡。不可在胸卡上乱写乱画，也不可在胸卡上粘贴或悬挂其他物品。

佩戴挂绳式胸卡时，应注意使其正面朝外。

（2）笔　殡葬司仪在服务过程中常常会用到书写笔，因此，需要随身携带两支书写流畅的笔。其中一支应为黑色（或蓝黑色）墨水的钢笔（或签字笔），用于书写正式的文本或手写签名。另外一支应为蓝色笔油的圆珠笔，用于书写一般票据。使用圆珠笔书写复写票据时较为方便。书写笔可以放在外衣口袋中（不包括西服的外胸袋，那里只能放装饰用的胸袋巾）。要经常检查钢笔中的墨水（或圆珠笔油）是否充足，以免出现在服务工作的关键时刻钢笔的墨水（或圆珠笔油）用完的情况。

（3）手表和眼镜　手表和眼镜可以作饰品用，对于某些岗位的殡葬司仪来说，也可能是工作必备物品。

手表的实用功能是读取时间，为殡葬司仪"工作守时"提供物质保障。因此，殡葬司仪应当选择走时准确的手表，并经常注意校对时间。不要用手机代替手表读取时间，否则容易造成客户的误解。手表的颜色、款式应当适合自己的个人风格并与场合相适应。工作场合佩戴的手表，造型应简洁大方。

眼镜除了能矫正视力之外，还能起到装饰作用。除特殊岗位外，殡葬司仪在室内应佩戴镜片透明无色的眼镜，有色的镜片会妨碍殡葬司仪与客户的目光交流。眼镜框的颜色和式样应与自己的肤色及整体着装风格相配。在室外强光下可遵照规定佩戴墨镜，但与客人打招呼或谈话时，应当摘掉墨镜。

（4）记事本和纸巾　殡葬司仪在服务过程中，经常需要把一些重要或复杂的信息记录下来以免遗忘，因此，随身携带记事本是非常重要的。随身携带的记事本应轻巧便携、易于使用，适当的时候应及时整理、汇总和处理上面所记载的各类信息。

殡葬司仪在工作岗位上还应随身携带一小包纸巾（或一块手绢），以备急用。

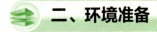

二、环境准备

1.清洁卫生

打扫服务环境卫生也是工作前必要的准备之一。业务人员应提前到岗，开窗通风或打开换气扇，使室内空气清新；保持室内卫生，做到地面干净，墙壁、宣传栏、办公桌、沙发座椅无尘土；饮水机、茶杯无污渍，水桶里没有水时应及时更换水桶，水杯不足应及时补充；

办公桌、沙发、座椅、茶几要无破损；宣传栏、宣传页摆放整齐，内容与当前业务要求保持一致，过期宣传页应及时更换。

2. 花木摆放

厅内花木要摆放整齐，保持鲜活状态，无枯萎的花朵和泛黄的花叶。

3. 合理布局

正式业务开展前，业务人员要将业务厅内家具、花木、办公设备和用品摆放整齐有序，使整体布局温馨和谐。

三、工作准备

1. 心理调适

工作前，业务人员应对自己的心理状态进行调适，不能因精神状态、身体状况、家庭问题、工作环境和个人情绪等因素影响正常工作。状态不佳时，业务人员可以尝试用深呼吸对心态进行调整。

2. 办公用品准备

为了保证各项工作顺利进行，业务人员还需提前做好办公设备、办公文本和票据等工作前的各项准备。所有准备工作完成后，业务人员应处于指定工位，恭候服务对象到来。

四、行为举止准备

1. 站姿

（1）双眼平视前方，下颌微微内收，颈部挺直。

（2）双肩自然放松，略向后收，收腹挺胸。

（3）双臂自然下垂，双手在小腹前自然相握，右手轻握于左手之上。

（4）脚跟并拢，脚呈"V"字形分开，夹角约60°；或双脚平行分开，距离保持与肩同宽。

2. 坐姿

（1）即将入座前，可提前适当整理一下衣物。

（2）走到座位前，转身轻轻坐下，女子入座如穿裙子可稍微拢一下裙子。入座时应轻稳。

（3）可根据椅子的高低来适当调整坐姿，双脚正放或侧放。

（4）坐在椅子上应双膝并拢，两脚平行，鞋尖方向一致。

（5）双手保持自然，可放在膝盖或大腿上。

（6）一般以坐满椅子三分之二为宜，身体保持正直，不应靠在椅背上。

（7）起身站立时，双脚应往回收半步，将身体慢慢支撑起立，不应用双手撑着腿站起，应保持上身的直立姿势。

3.走姿

(1) 上身挺直,双肩平稳,目光平视,下颌微收,面带微笑。

(2) 挺胸、收腹,使身体略微上提。

(3) 手臂伸直放松,手指自然弯曲,双臂自然摆动。

(4) 步幅不应过大。

(5) 女士行走时,走直线交叉步,上身不应晃动,尽量保持双肩水平。

4.蹲姿

(1) 蹲下时上身保持平稳,大腿并拢,一条腿与上身呈直角,另一条腿跪地。

(2) 应从左手或右手侧面拾物。

(3) 不宜突然下蹲。

(4) 不宜距人过近。

(5) 不宜方位失当。

(6) 不宜毫无遮掩。

(7) 不宜蹲着休息。

5.引导

(1) 应伸手示意。

(2) 示意时,上身略向前倾,手臂与身体成45°夹角;手臂伸直,五指自然并拢,掌心向上,目光配合手势所指示的方向。

(3) 与客户并排行进时,应尽量位于客户的左侧。

(4) 行进时,前后距离应保持一米以内。

(5) 行进速度应保持稳定、协调。

(6) 行进中,经过拐角或台阶时,应及时提醒客户。

(7) 引导客户上楼时,应让客户走在前面,工作人员走在后面;下楼时,应工作人员走在前面,客户在后面。上下楼梯时,应注意安全。

(8) 引导客户乘坐电梯时,工作人员应先进入电梯,等客户进入后关闭电梯门;到达时,让客户先走出电梯。

6.递物和接物

(1) 上身略向前倾,眼睛注视对方手部。

(2) 物品有文字标识时,以文字正向向对方递送。

(3) 双手递接物品,轻拿轻放。

(4) 如需对方签名,应用拇指、食指和中指轻握笔杆,笔尖朝向自己,递至对方手中。

(5) 递物时,应为对方留出便于接取的空间。

(6) 收受钱款时应唱收唱付。

7.交流沟通

(1) 交流时,服务态度友好、亲切,应面带微笑,并伴随适度点头。

（2）在交流的过程中应注视对方面部，目光柔和、亲切。

（3）回应时，可用"我明白了""我清楚了""好""是的"等语言。

（4）需要确认时，对表述内容进行重复，请对方进行确认。

（5）应吐字清晰、语音亲切，以中度声调为宜。

（6）音量、语速适中，以能让对方听清为宜。

（7）语气应轻柔、和缓。

（8）在正常交流时，其他人员不宜插话打扰。

（9）如需介入时，应向谈话双方说明原因并表示歉意，可以转接或共同参与。

（10）不宜用俚语、方言、口头禅等不规范的语言。

（11）不宜使用任何歧视、侮辱、嘲笑对方的语言。

（12）不宜嬉笑打闹。

【任务实施】

（1）整理自身仪容仪表　按规范的仪容仪表要求，检查自身不足，进行适当调整。

（2）检查业务厅环境　从环境卫生、花木摆放、合理布局几方面要求，找出现有业务厅中不符合要求之处，并使其符合要求。

（3）用呼吸法进行自我心理调适　先做一次深吸气，使全身肌肉轻微紧张，并屏住呼吸。然后一面尽量放松全身肌肉，一面缓慢地呼气。如此反复地练习数次，直到呼吸速度减慢且恢复平常心态为止。

（4）检查办公设备、用品、票据准备情况　检查工作所需办公设备是否正常运行，办公用品是否齐全到位，票据是否充足，业务用章是否保存妥善。全部检查完毕，以标准站姿站于工位前，表情自然亲和。

（5）行为举止训练　按规范练习站姿、坐姿、走姿、蹲姿、引导、递物和接物、交流沟通等要领。

（6）小组成员之间互相指导纠正。

（7）教师指导。

【任务评价】

进行小组展示和总结，学生自我评价及工作成果展示。详见"任务评价工作手册"。

任务6-2　洽谈演练

【任务描述】

通过洽谈演练，了解服务对象需求、消费心理，掌握洽谈技巧，学会应对洽谈中的僵局和冲突，引导洽谈顺利进行。

【任务要求】

标准站姿、仪容仪表符合要求；办公环境准备。

【相关知识】

一、了解服务对象的基本需求

因为服务对象的需求常常是多方面的、不确定的，因此业务洽谈人员需要增强主动与服务对象沟通的意识，逐渐发掘其潜在需求。服务对象都有哪些需求，这些需求中对服务对象最重要的是什么，它们的优先顺序如何，服务对象表达的具体需求是什么，服务对象为什么会有这个需求，等等。这些问题都需要业务洽谈人员去一一解答或思考。服务对象的需求一般可分为两大类：一是潜在的需求；二是明确的需求。

（一）潜在的需求

潜在的需求是指由服务对象在陈述中隐含表达的需求或问题，包括自己对殡葬服务和仪式的想法，对现有服务项目和用品的不满，以及他们目前面临的困难等。潜在的需求对殡仪服务单位的服务改进来说是一个很好的机会。潜在的需求通常与殡葬用品和殡仪服务的特色有关。

（二）明确的需求

明确的需求是服务对象主动表达的对办理丧事活动的各种直接需求。服务对象会通过"我想……""我希望……""我要……""我们对……很感兴趣"等进行表达。服务对象表达了明确的需求，业务洽谈人员的洽谈沟通才会起作用。然而，服务对象产生了明确的需求，并不一定清楚地知道他到底需要什么。所以，业务洽谈人员遇到对自己需求并不很清楚的服务对象时，就要利用专业领域的知识和技巧，帮助服务对象做出正确选择。

二、掌握服务对象消费心理和特征

（一）服务对象的消费心理

业务洽谈人员在与服务对象洽谈时，要掌握服务对象的消费心理。服务对象的殡葬消费心理主要包括以下几种。

1. 求实心理

求实心理在服务对象中最具有普遍性、代表性。办理丧事的主要目的是追求殡仪服务的实用价值。服务对象会将丧事消费看作"人生最后一次消费"，因此最为注重服务内容和殡葬用品的内在品质，而对外在的形式和殡葬用品外表则不十分挑剔。

2. 求新心理

由于社会发展，丧葬习俗的演变，服务对象在一些因素影响下，产生了在办理丧事时求新的心理。这种心理不仅青年人有，中年服务对象也具有。他们大多会选择个性化定制的服务，或社会上目前比较新颖的服务样式，以区别于传统服务。

3. 求名心理

有些服务对象十分追求隆丧厚葬，借以彰显"孝子贤孙"的美名。

4. 从众心理

这种消费心理是指服务对象在办理丧事时自觉不自觉地模仿其他人办理丧事的行为，别人怎么办，他也怎么办。

5. 攀比心理

这种攀比消费心理是源于服务对象的虚荣心，认为别人大办丧事很风光，自己不大办会没面子，也怕别人笑话。

（二）服务对象的类型

每位服务对象因其主客观因素的影响，在办理丧事时表现出不同的特征。大体上表现为以下六种。

1. 理智型服务对象

这类服务对象的基本特征是办理丧事比较理智，他们不会因为业务人员的介绍或对殡葬服务单位的印象好坏而匆忙地做出决定，也不会因个人的情绪而选择不合适的服务项目。相反，他们在办理丧事的全过程都比较细心、负责，会做周全的分析、考虑和比较，最后做出理智的选择。

2. 任务型服务对象

这类服务对象一般是受单位组织委派来殡葬服务单位办理丧事事宜的，他们因为是在完成上级给予的任务，所以对殡仪服务不会有太多的要求，不会奢望太多。

3. 谨小慎微型服务对象

这类服务对象在办理丧事时一般表现为详细询问、反复洽谈、谨慎地做出决定，即便是已经考虑过的问题或服务，他们也会首先比较价格或性价比等。业务洽谈人员应协助服务对象解除思想疑虑，耐心为服务对象服务。

4. 关系型服务对象

关系型服务对象是指通过熟人和亲朋介绍来殡葬服务单位的服务对象。这种类型服务对象在现实生活中比较多，他们主要是希望在办理丧事时得到服务单位和服务人员的照顾。

5. 可变型服务对象

可变型服务对象在办理丧事时没有固定的模式，在特定的环境下会发生不同情况的变化。这需要业务洽谈人员处理问题时要多加小心，积极引导。

6.盲目型服务对象

他们往往有一定的经济实力和尽可能大办丧事的愿望，却不知道应当选择什么项目和怎样选择项目。这时，业务洽谈人员就应当认真深入地分析他的主客观条件，根据这些条件推荐适合的殡仪服务项目。

（三）不同年代服务对象的特征和应对

业务人员在为出生于不同年代的客户提供服务时，应先了解各个年代人的特质、态度及在他们成长的年代发生的大事件。在此，笔者大致将消费人群分为四个类型进行介绍，列出每种类型人的服务偏好。但需要指出的是，这些偏好并不是一成不变的，业务洽谈人员还需保持一定的灵敏度，加以具体分辨和处理。

1.资深老者的特征

这类人是指70～90岁的老年人，他们偏好始终如一、前后一致及稳定性强的服务；喜欢直接的交流方式；喜欢逻辑清晰、实用性强的沟通过程和解决方法，不喜欢被情感左右；往往是忠实的客户。

对于这类人，不要仓促行事，因为老人不喜欢被人催促着做决定，也不希望交易速度太快，因此洽谈时要尽量放慢节奏，给他们做决策的时间。为这一年代的对象服务时，要尽量使用"请""谢谢您""先生""夫人"等敬语，表现出尊重，营造和谐氛围。老人往往不喜欢服务人员过于亲密或随意的沟通方式，因此和他们要保持适当的距离，显现出专业性和规范性。

2.儒雅长者的特征

这类人是指50～70岁的老年人，这类人往往很乐观，愿意了解这个世界上的众多可能性；有强烈的个人意识，许多人习惯成为瞩目的焦点；喜欢个性化的服务；倡导与他人合作共同完成目标。

对于这类人，虽然他们不喜欢花时间认真详谈，但是会很喜欢服务人员热情的招待；希望自己有一定知名度，喜欢与众不同，偏好个性化服务，但是要注意分寸。在寻求服务时，他们考虑的不仅是服务人员的效率和能力，更看重服务人员关爱客户的程度和对岗位的奉献精神，因此用一些小动作表示对他们的关爱，他们会更容易形成认可。

3.中流砥柱的特征

这类人在30～50岁之间，他们对技术很有兴趣，也很精通；质疑心比较强，秉持"眼见为实"的原则；自立自强，许多人抱定"生存"心态，比其他几代人更容易应对变化；对服务的灵活性与意见反馈有强烈的渴望，不喜欢被密切监督。

他们往往工作效率较高，认为能力远比热情的服务态度重要；好奇心强，喜欢刨根问底，也熟悉自己领域内的知识，也希望业务人员能够提供正确的产品或服务信息和数据。他们对强行推销和虚假宣传非常敏感，因此不要过度渲染自己产品或服务的好处，可向对方介绍产品或服务帮助其他客户的例子，或引用相关材料证明自己的公司在同行业中的优势。

4.新生时代的特征

这类人在10~30岁之间，是在数字媒体时代成长起来的一代。他们喜欢社交，乐观但很现实，能够包容个体差异。他们热衷于成功和完成目标，工作努力，愿意为共同事业牺牲个人享乐。他们追求平等的身份，能适应快速的服务，不怎么喜欢过分谨慎的人或烦琐的流程。他们是较为聪明且健康的一代人，从小到大处于相对优越的环境中。业务人员面对这类服务对象时要保持尊敬，既不要曲意迎合，也不要弄虚作假。

三、业务洽谈的技巧

（一）业务洽谈人员基本言谈要求

对于业务洽谈人员的言谈，一般在洽谈过程中应首先达到下列要求：

① 主动向服务对象问候。

② 与服务对象交谈时应精力集中。

③ 回答服务对象询问时，表达应准确、清楚，语言要简洁。

④ 当与服务对象交谈时，发现有其他客户走近，应主动招呼，请其稍候或找其他同事帮忙接待。

⑤ 谈话声音以双方能够听清为限，语调平稳、轻柔、速度适中。

⑥ 不应谈及对方不愿提到的内容或隐私。

⑦ 不应推诿或使用"不知道"等否定语，应积极、婉转地回答问题。

⑧ 服务对象心情不好、言辞过激时，应保持平静的态度，主动引导。

⑨ 不应在服务对象面前与同事讲方言或聚众聊天。

⑩ 应让对方讲完后再作答，一般不宜打断服务对象讲话。

⑪ 遇急事需找洽谈中的业务洽谈人员或服务对象说话时，应先说声"对不起"，征得同意后再与之交谈。

⑫ 因工作原因需暂时离开正在讲话的服务对象时，应先说声"对不起，请稍候，我去为您复印证件"等，回来继续为其服务时，应主动说"抱歉，让您久等"。

⑬ 不应与同事议论服务对象的行为举止或穿戴。

⑭ 为服务对象服务过程中，不应经常看手表，以免引起误会。

（二）易受服务对象欢迎的表达方式

有时，业务人员在向服务对象解释事情时，自己充满真诚，说话也符合情理，但服务对象却大发雷霆或满脸怨气。这可能是因为讲话方式不当产生了消极影响，引起了对方的不满。因此服务人员可以尝试将自己的语言换一种表达方式，将更容易产生亲和力，促进洽谈愉快进行。转换语言表达方式示例见表6-1。

表6-1　语言表达转换示例

不要说	尽量说
"结束了吗？"	"还有什么我能帮您吗？"
"不客气"	"我很荣幸""我很乐意"
"宝贝""大爷""夫人"	服务对象的名字（按服务对象希望的方式）
"是的，是的，我会去办的"	"我亲自为您办"
"这不在我的工作范围内"	"通常我不负责这方面的事情，但是我知道谁能帮助您，让我看看他在不在"
"在那边"（然后用手指指方向）	"让我带您过去吧""您看见那个蓝色标志了吗？就在那个标志左侧"

（三）推进洽谈的主要途径

1.聆听

认真聆听是业务洽谈人员了解服务对象需求的有效途径。一般情况下，业务洽谈人员不应一开始就向服务对象直接介绍服务内容、流程、环节、价格等，而应通过询问，认真听取服务对象的需求，再通过有的放矢地介绍去影响服务对象，解答有关问题，让服务对象做出决策。

业务人员在业务接待中，真正的意义在于了解服务对象的真实需求，有针对性地向服务对象提供办理丧事或提供仪式服务的方案。因此，业务洽谈人员要学会聆听服务对象的心声，挖掘服务对象真正的需求，帮助其实现目标。聆听是业务洽谈人员必须掌握的一种技能。

要提高聆听能力和掌握有效的技巧，业务洽谈人员应该做到下列几点：一是明确聆听目的，业务洽谈人员聆听是为了获取更多信息，从而了解服务对象需求。二是要认真地听，并不时记录下关键信息，以便梳理出整体服务脉络与服务对象进行具体沟通。业务洽谈人员要学会必要的复述，把服务对象刚刚讲的重要话按照自己的理解，用自己的话再简要地陈述一遍，以确认与服务对象的意图是否一致。三是业务洽谈人员在体态语言上要进行配合。如在聆听过程中，业务洽谈人员的身体适当地向服务对象方向倾斜，还要注意服务对象的语气、语速、语调并及时给予回应。

2.询问

在服务过程中，询问能使业务洽谈人员正确掌握服务对象的需求和全面的背景信息。业务洽谈人员在与服务对象沟通时，要主动了解服务对象明确的需求，并挖掘潜在需求。对于不善言谈的服务对象，要通过询问一些问题使其不得不参与谈话，以便获得更多信息，促使洽谈向自己有利的方向进行。

3.眼神交流

友善的眼神交流可以让客户感到自己受到尊重，但是这里有一个尺度的问题，业务人员要把握好，在与客户眼神交流时不要让服务对象感到窘迫。

4.面部表情和手势

自然的微笑会让服务对象产生友好、和谐、平等、亲切的感觉，加之适当的手势有助于表达业务人员的个人意见，在一定程度上有助于洽谈的进行，但要避免消极的表情和手势。

5.理解

业务洽谈人员对服务对象的需求要全面理解，如服务对象讲"我们准备举行规模小一点的告别仪式"，这是一个具体的需求，但对服务对象为什么要举行小一点的告别仪式却不甚了解。这就需要业务洽谈人员找到服务对象此种需求产生的原因，这个原因正是潜在的需求。正确理解服务对象潜在需求和其背后原因，对于引导服务对象下决心做决策将很有帮助。

（四）洽谈艺术和技巧

业务洽谈是一项艺术性、技巧性较强的工作。洽谈过程和内容随着服务对象的变化各不相同，业务洽谈人员应根据具体情况做出具体分析，善于应变，灵活机动地进行业务洽谈。

1.洽谈开始前要做好充分准备，洽谈开始后按计划办事

业务洽谈人员首先要做好充分准备，可以打好腹稿或列一个谈话提纲，确保洽谈围绕主题进行。其次，要善于与服务对象交谈，掌握好提问和答话的技巧。在介绍仪式流程和细节时应抓住服务对象的关心点，突出宣传本单位的服务优势，对缺点应艺术性地予以回避。再次，诚实的态度有利于获取服务对象的信任和好感，获得业务洽谈的成功。另外，要认真处理好服务对象的问题、抱怨和不满。最后，谈话过程要按照计划进行，不要跑题或过多谈论与业务无关的问题。

2.建立和谐的业务洽谈气氛

双方只有在和谐的氛围下，才能开诚布公坦率交谈。业务洽谈人员要注重礼节。端庄的仪表易使服务对象产生好感，留下良好的第一印象。开场白要向服务对象表示关心问候，引起服务对象的好感和谈话兴趣，为进一步沟通奠定基础。但要注意开场白不宜过长，以免浪费时间或使服务对象产生反感，应尽快引入正题。

3.正式洽谈应使服务对象精神放松

当业务洽谈人员与服务对象之间初步建立起和谐的洽谈气氛后，就应转入正式洽谈。业务洽谈人员应巧妙地、自然地将话题引入正题，顺利地提出洽谈内容。在洽谈过程中，尽管洽谈内容是沉重的，但业务洽谈人员应尽力使服务对象减轻悲痛，使服务对象在洽谈时精神能够放松。

四、应对洽谈中的僵局

在业务洽谈过程中，由于业务洽谈人员有时会因为各种原因拒绝了服务对象的部分要

求，有些服务对象就会采取拒绝的态度，从而出现僵局，使洽谈难以继续。为此，业务洽谈人员要注意以下几点。

一是要站在服务对象的角度去理解对方。业务洽谈人员遇到服务对象对洽谈的内容采取拒绝态度时，不能消极抵制或轻易放弃，要想到服务对象的拒绝往往代表着机会，伴随拒绝的是服务对象的意见、要求或理由。业务洽谈人员应试图转换到服务对象的角度去思考，以便更好地体会和体谅对方。

二是业务洽谈人员要仔细分析服务对象拒绝的原因。业务洽谈人员面对洽谈僵局，要仔细查清服务对象拒绝的背后隐含意思与原因，避免与服务对象争论，特别是情绪上的冲动。对产生的不同意见，业务洽谈人员要说明不能接受服务对象提案的理由或困难，使得双方之间容易相互理解。不然，殡仪服务对象会认为僵局的产生是业务洽谈人员不愿让步造成的。

三是业务洽谈人员要将拒绝转化为双方探讨的话题。业务洽谈人员切忌与服务对象发生争吵、拍桌子等情绪化的抗拒行为。这样对解决洽谈僵局问题是事无补，反而会让达成协议的概率趋向为零。业务洽谈人员要善于把对方的拒绝转化为有待解决的问题，展开话题，双方共同讨论，寻求解决办法。

四是业务洽谈人员要有效转移矛盾。如给予服务对象一定服务附加值或在其他方面给予其选择或让步，使服务对象接受洽谈人员的思路。

五是进行自我心理调整。业务洽谈人员要注意调整自己的心态，提前预想到业务洽谈中会产生的拒绝和僵局，用平和、积极的态度去面对。只有这样，才有利于积极应对各种突发情况和僵局，从而发挥出真实水平。

此外，在业务洽谈时，业务人员一定要充分尊重对方的人格，要让服务对象感觉到参与了洽谈而达成协议。在洽谈过程中，要全面深入地交换信息。服务对象应对殡仪服务项目有比较全面的了解，在关键的地方不能存有空白和误解。除了必须要保密的问题外，业务洽谈人员在洽谈中应向服务对象交底，不必要的保密会造成负面影响和麻烦。

【任务实施】

两位学生（或者教师参与）一组进行洽谈演练，一位学生（或教师）扮演服务对象，另一位学生扮演业务洽谈人员。

1. 业务接待准备

业务洽谈人员以标准站姿站立于桌边，迎接服务对象，并引导其坐下；准备好笔和纸，方便洽谈时记录信息。

2. 了解服务对象需求

根据上述知识要点，业务洽谈人员在洽谈中总结服务对象的潜在需求和真实需求。

3. 判断服务对象消费心理和类型特征

① 运用洽谈技巧，营造良好的洽谈氛围。

②业务洽谈人员试分析服务对象的消费心理。

③业务洽谈人员试分析服务对象类型。

④业务洽谈人员试总结服务对象的特征和应对技巧。

4.进行业务洽谈

业务洽谈人员运用洽谈技巧，与服务对象进行业务洽谈，推进洽谈进程。

5.处理洽谈中的僵局

业务洽谈人员运用适当的方法解决洽谈中出现的僵局，从而尝试与服务对象达成协议。

6.小组成员之间互相指导纠正

7.教师指导

【任务评价】

进行小组展示和总结，学生自我评价及工作成果展示。详见"任务评价工作手册"。

模块七 护灵仪式

课程思政资源

💡 情景导入

在某殡仪馆,正在为一位社会杰出贡献者举行告别仪式,社会各界人士汇聚于殡仪馆送这位社会杰出贡献者最后一程,人员拥挤。其中,还有各大媒体界的朋友们。

护灵人员依次站位,在殡仪馆门口等待着逝者尊体的到来,社会各界及媒体朋友们还对护灵人员站姿进行拍摄。上午9:00,这位社会杰出贡献者尊体到达了殡仪馆门口,社会各界人士都纷纷拥向前,感恩这位社会杰出贡献者。护灵人员接到逝者尊体后,社会各界人士依次于两侧就位,护灵仪式正式开始。护灵人员把握着整个护灵仪式的进度,步伐缓缓向告别厅前进。在护灵人员护送遗体走到半程的时候,音响设备出现故障,音乐播放受到影响,把护灵人员的节奏破坏掉了,护灵队形突然混乱。本来庄重温馨的氛围一下被打乱了。

请思考:面对以上突发情况,护灵人员应如何应对?

💡 知识目标

(1)掌握护灵仪式的用品和人员准备。
(2)掌握护灵仪式的基本程序。

💡 技能目标

具备组织护灵仪式的能力,掌握个性化护灵仪式的策划与主持技能。

💡 思政与职业素养目标

(1)通过护送逝者遗体踏上归程,以生命文化、生命哀美的素养,以温馨的服务守护逝者尊严,以感人的仪式启迪生者生命,提升殡葬服务水平。
(2)培养敬业精神、劳动精神。
(3)提升殡葬司仪的职业认同感和社会责任感。

💡 核心概念

护灵仪式;环境布置

任务7-1　护灵仪式策划

【任务描述】

作为殡葬司仪，承接护灵仪式，根据逝者情况和家属要求策划一场个性化护灵仪式。

【任务要求】

以小组为单位，进行相关材料准备。

【相关知识】

 一、护灵仪式的定义

护灵仪式一般指在遗体告别前，以一定的礼仪操作形式，由工作人员将逝者的遗体请到告别厅的环节，从此逝者踏上最后的也是不再复回的一段路程。护灵仪式是家属和逝者最后一次亲密接触前的仪式，通过仪式让逝者走得更庄重，也更加满足家属的精神需求和心理寄托。

在实际操作中，护灵仪式也可以用于更宽泛的场合：收敛遗体时，将遗体护送到灵车上的礼仪；举行遗体告别仪式之时；出殡、下葬之际。

 二、护灵仪式的意义

护送遗体往往是遗体踏上最终的不归之路。因为到了火化场之后，作为血肉之躯的遗体被火化了；就土葬而言，到了墓地遗体也消失在人们的视线之中了。因此护灵仪式标志着逝者最后离开现实生活，从而与人们永世隔绝。故而自古以来，护灵仪式都是丧礼中最重要的一个环节，也最为隆重。

护灵仪式是把生命的尊重及感动体现在仪式中，抚慰亲人的心灵，更好地体现殡仪服务中的人性化、规范化。护灵仪式的开发不仅能为殡仪馆、殡仪服务机构带来一定的经济效益，还可以起到提升正面形象、提升市场竞争力的作用。

三、护灵仪式的程序

护灵仪式的程序可以根据实际情况进行调整，以配合告别仪式的护灵仪式为例，一般应有如下流程：

①家属就位、来宾就位；

② 护灵仪式开始（护灵，齐步走）；

③ 到达位置，全体护灵人员向遗体90°鞠躬；

④ 变化队形（注意护灵人员站位，在告别仪式进行过程中不耽误家属来宾瞻仰遗容）；

⑤ 告别仪式结束后，变化队形；

⑥ 全体护灵人员向遗体90°鞠躬；

⑦ 各就各位，起灵。推遗体进入火化车间。

四、护灵仪式的策划要点

由于护灵仪式参加的人员众多而且最为隆重，因而护灵仪式的策划必须全面准备，提前考虑到以下因素，力争做到细致、具体而又全面。

人员安全：保持安全通道通畅，若发生踩踏事件，在场服务人员要按照应急疏散指示疏散人群，并做好对受伤者的保护措施等。

天气灾害：要提前关注天气，注意天气情况，提前做好防雨、防雪、防雷电的准备。在当日设置物资储存台，来宾可在物资储存台领取相关用具，如雨伞、雨衣等。

交通安全：若发生交通事故，服务人员应与交通警察及时取得联系，疏导车辆。为来宾安排好路线，若家属有要求，准备好家属需要的接客车。为家属安排好停车区域等。

设备故障：提前检查设备电源及零件是否损坏；在进行时，若发生设备故障情况，及时更换设备电源或更换备用设备，不能影响仪式进行。

公共卫生：为了防止家属、来宾意外受伤或突发疾病等情况，现场配备医疗紧急人员和救护车，一旦出现意外，第一时间联络现场的医护人员进行救援等。

消防安全：活动前，对场地进行消毒，每个消防设备物资点配备至少三个干粉灭火器。现场工作人员必须参与消防培训，了解灭火器的使用方法。

确定流程：提前向家属确认工作流程，确保流程顺畅。

在考虑以上因素的同时，需要关注的是，护灵仪式以通过礼仪人员的护送为主，因此队形的变换和口令的设计是护灵仪式策划的重点。

【任务实施】

（1）根据授课班级情况，分好小组，每组发放大白纸、水彩笔等工具。

（2）以小组为单位，每小组从教师准备的人物背景材料中，选取一个作为本项目的人物背景。

（3）以小组为单位，每小组根据选取的人物，为本场护灵仪式拟定主题，围绕仪式主题为本场护灵仪式选取背景音乐。

（4）以小组为单位，每小组根据选取的人物，为本场护灵仪式绘制礼仪人员的站位图。

站位图的绘制可分为三个部分：告别仪式开始前护灵人员站位图、告别仪式进行时护灵人员站位图、告别仪式结束后护灵人员站位图。

图例参考：

站位图图示见图7-1。

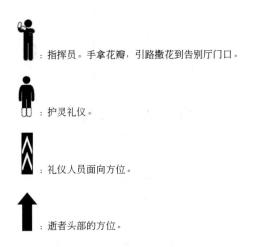

图7-1　站位图图示

① 告别仪式开始，由护灵人员请遗灵入场。护灵人员站位见图7-2。

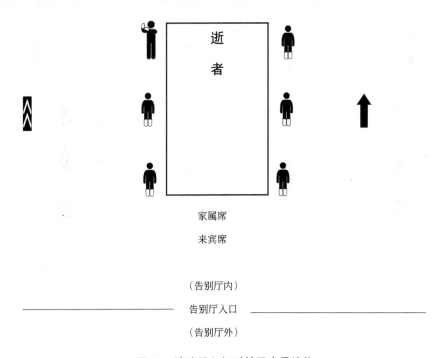

图7-2　请遗灵入场时护灵人员站位

② 护灵人员将遗灵送到指定位置，变换队形。

所有护灵人员，面向遗体，后退一步，向遗体行90°鞠躬礼。此时护灵人员站位见图7-3。

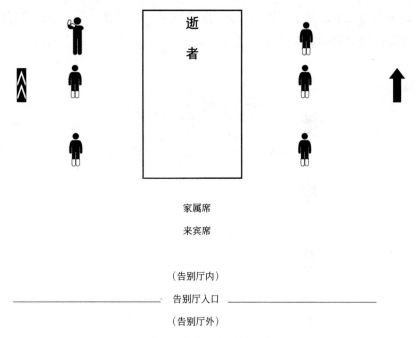

图7-3　遗灵至指定位置时护灵人员站位

③ 告别仪式进行中，护灵人员变换队形。

注意，护灵人员的站位，要保证家属和来宾能够瞻仰遗容。护灵人员站位见图7-4。

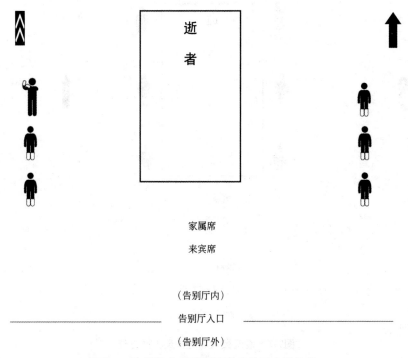

图7-4　家属和来宾瞻仰遗容时护灵人员站位

④ 告别仪式结束，护灵人员变化队形。

护灵人员在指定位置站好，护灵人员向逝者90°鞠躬。此时护灵人员站位见图7-5。

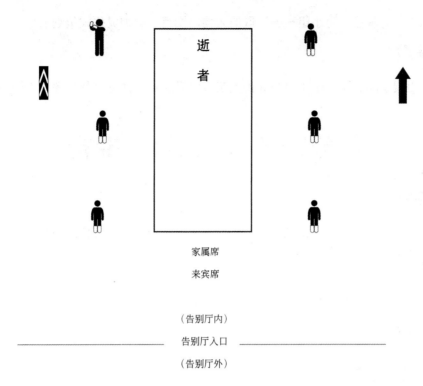

图7-5　护灵人员向逝者鞠躬时站位

⑤ 告别仪式结束，护灵人员护送逝者。此时护灵人员站位见图7-6。

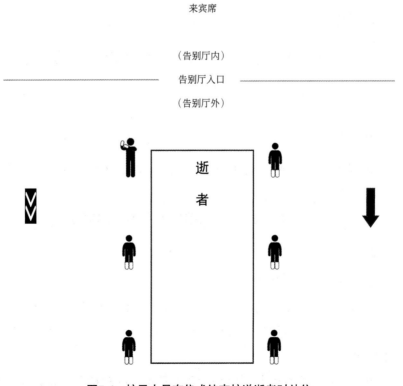

图7-6　护灵人员在仪式结束护送逝者时站位

（5）以小组为单位，每小组根据选取的人物，撰写主题护灵仪式策划书。

【任务评价】

进行小组展示和总结，学生自我评价及工作成果展示。详见"任务评价工作手册"。

任务7-2　护灵仪式准备

【任务描述】

作为殡葬司仪，承接护灵仪式，根据策划方案做好个性化护灵仪式的准备工作。

【任务要求】

以小组为单位，进行相关材料准备。

【相关知识】

一、场地准备

以配合告别仪式的护灵仪式为例，因为护灵仪式是配合礼厅告别仪式而举行的，所以场地布置可参照告别仪式氛围而布置，不过必须留出护灵人员列队行进的空地。

二、人员准备

护灵仪式的礼仪人员可根据现实情况进行调整，但一般需要安排以下人员：指挥员、护灵人员、播放音乐人员。

三、用品准备

① 护灵人员的服装要整齐划一：黑色正装、领带、白手套、黑色皮鞋。
② 音响和灯光设备。
③ 以配合告别仪式的护灵仪式为例，需要准备好可移动遗体接运车。

【任务实施】

1. 参加人的身份与人数、丧主要求

参加护灵仪式的人员有丧家家属、亲戚朋友以及单位的代表等。策划前应当提前询问丧主参加仪式的人员数量和身份地位等，以便于策划和管理。

2. 逝者基本情况和特征

在护灵仪式开始之前，必须先行了解到逝者的基本情况和特征。如逝者的姓名、性别、年龄、死因、配偶及子女状况、职业及生前工作状况等，以便于将礼仪策划得更具有人性化和个性化。

（1）根据任务7-1的分组，每组准备相关用品。

（2）以小组为单位，每小组进行护灵仪式会场布置。

（3）以小组为单位，每小组进行护灵仪式指挥词和主持词等殡葬文书的撰写。

护灵仪式的指挥词应根据现场实际情况进行拟写，本教材仅以告别仪式中的护灵仪式为例，做一个示例参考。

> **范例赏析**
>
> **示例：护灵仪式指挥词**
>
> （1）仪式开始
>
> 指挥员：正步走。（指挥员和护灵礼仪护灵，缓步走到水晶棺围前。）
>
> 指挥员：开。（指挥员和前排护灵礼仪将棺围打开，方便逝者尊体进入。）
>
> 指挥员：退。（前排护灵礼仪按实际情况退适当步数，方便逝者尊体通过。）
>
> 指挥员：礼兵转（将逝者尊体推入水晶棺位置后，指挥员和护灵礼仪都面向逝者尊体）。鞠躬。礼毕。
>
> 指挥员：转。齐步走。（指挥员、护灵礼仪都到告别仪式开始时应该站立的位置处，缓步走。）
>
> （2）告别仪式开始
>
> （指挥员和护灵礼仪的站位要恰当，以不能遮挡家属来宾为基本原则。）
>
> （3）告别仪式结束
>
> 指挥员：齐步走。（两排护灵礼仪中间空出推逝者尊体的距离。）
>
> 指挥员：鞠躬。礼毕。
>
> 指挥员：齐步走。（指挥员、前排护灵礼仪向水晶棺围口走去，方便打开。）
>
> 指挥员：出灵。
>
> 指挥员：向后转。（全部护灵礼仪都转向告别厅门口的方向。）
>
> 指挥员：齐步走。（全部护灵礼仪走出告别厅门口，向火化区走去。）

【任务评价】

进行小组展示和总结，学生自我评价及工作成果展示。详见"任务评价工作手册"。

任务7-3　护灵仪式主持

【任务描述】

作为殡葬司仪，承接护灵仪式，根据逝者情况和家属要求主持一场个性化护灵仪式。

【任务要求】

以小组为单位,进行相关准备和模拟操作。

【相关知识】

护灵仪式在进行过程中,应注意以下几点。

① 护灵礼仪体现的是对逝者的敬仰,对家属的尊重。在仪式过程中,一定要体现出礼仪人员的高素质,创造出庄严肃穆的氛围。

② 礼仪人员在平日里,应多模拟训练,找到默契的感觉。

③ 口令人员必须正确发布动作口令,但口令不能等同于军训口令,必须配合悲伤的场合。

④ 行进步伐要整齐,并踏上播放音乐的旋律。

⑤ 礼服要定时更换清洗,服装必须整洁。

⑥ 护灵人员必须提前与司仪沟通好,以配合好整场仪式。

【任务实施】

(1) 以小组为单位,每小组进行护灵仪式模拟。

① 服务准备。

② 相关殡葬文书拟写。

③ 会场布置。

④ 护灵仪式实施。

(2) 以小组为单位,每小组进行护灵仪式的总结。

(3) 以小组为单位,每小组模拟对下列护灵仪式突发事件的应对。

案例

护灵平板车车轮卡住/脱离

在某殡仪馆,某告别仪式举行前夕,当护灵平板车到达告别厅门口时,家属看到亲人的遗体缓缓到来,刹那间悲痛万分、痛哭流涕。突然,护灵平板车车轮卡住/脱离,使护灵平板车顿时不能前行。仪式已经开始,面对各位家属看着护灵平板车上的逝者尊体泣不成声,这时四名护灵人员有点不知所措,而在殡葬行业是不能出现一丁点错误的!

【任务评价】

进行小组展示和总结,学生自我评价及工作成果展示。详见"任务评价工作手册"。

模块八 告别仪式

课程思政资源

💡 情景导入

某殡仪服务中心服务管家小李，傍晚带领家属看望寄存在厅堂内的逝者，却粗心进错了房间。家属上香跪拜哭泣了几个小时后离开。第二天清早出殡时家属发现昨晚自己哭错了人，开始大闹。所有家属围住小李要讨个说法，小李再三赔礼道歉也于事无补，出殡时间一拖再拖。

主管服务的副总经理赶到现场，了解了情况以后，没有急于向家属赔礼道歉，而是第一时间召集各部门经理、全体服务管家和礼仪人员列队，依次进入厅堂向逝者行礼。由于平日训练有素，所有人员都是90度标准鞠躬礼，整齐划一、神态庄重，而家属也顾及逝者，在旁一一回礼。而后，副总经理亲自向家属赔礼道歉，虚心承认错误，家属态度发生明显转变，表示了理解。此次事故在没有经济赔偿的情况下得到解决。

请思考：告别仪式过程中，关注服务细节有何重要性？危机处理能力为何重要？

💡 知识目标

（1）掌握告别仪式的用品和人员准备。

（2）掌握告别仪式的程序。

💡 能力目标

掌握个性化告别仪式的策划与主持技能。

💡 思政与职业素养目标

（1）通过策划、主持告别仪式，感受生命的珍贵，从而能够正确对待生命、正确认识自我，进而感受生命的意义。

（2）守护逝者死亡尊严，培育让逝者优逝的精湛技艺和高尚精神，尊重生命、珍惜生命，树立正确生命观和价值观。

💡 核心概念

告别仪式；个性化策划；主持

任务8-1 告别仪式策划

【任务描述】

作为殡葬司仪，承接告别仪式，根据逝者情况和家属要求策划一场个性化告别仪式。

【任务要求】

以小组为单位，进行相关材料准备。

【相关知识】

 一、传统殡葬文化的大殓与现代的告别仪式

（一）大殓的含义

大殓即入棺，也称"入室""入殓"等。各地时间不一，有3天、7天入殓的；有去世后当天入殓的，称"走马殓"。

（二）现代告别仪式

1. 告别仪式的含义

告别仪式是直系家属在告别厅内家属席就位，其余亲友在告别厅外等候，司仪宣布告别仪式开始后，厅外亲友依次进厅向遗体三鞠躬并瞻仰遗容、慰问家属的一种告别形式。

追悼是对逝者追念哀悼。曹丕《赠谥邓哀侯诏》："追悼之怀，怆然攸伤。"旧时，出殡前夜要举行"辞灵"仪式，现在通称为"追悼会"，亦即告别仪式。实际上，告别仪式（追悼会）是过去战争年代的产物，是一种高度简化了的祭奠仪式。告别仪式的出现，反映了战争年代的人们对传统治丧礼仪所采取的一种简单化的处理，是特殊时代的表现。但这种特殊化的仪式却与现代社会快节奏高效率的特点相适应，所以成为现代人们（尤其是城市居民）采用最多的一种治丧仪式。

2. 告别仪式的意义

告别仪式是殡葬仪式中的核心环节，是家属向逝者抒发缅怀之情的重要仪式，是人生的"谢幕礼"。告别仪式体现了人们对死亡的认识、生存的价值、人性亲情等的理解与抒发。让逝者安息、生者慰藉是殡葬服务机构和从业人员必须认真思考和实践的基本点和出发点。

3. 告别仪式的策划

告别仪式的策划包括告别礼的准备、告别文书的撰写、告别礼的主持。它针对每个殡仪服务对象的特点和要求，设计个性化的告别仪式。告别仪式的设计要体现艺术性。随着社会的文明与进步，人们对殡葬艺术方面的需求越来越高，包括个性化殡葬文书的拟写、个性化礼厅布置、个性化音乐配置、人生回忆录的制作和应用等。殡葬司仪应以公众基本需求为出发点，多调研、多创新、多实践，满足群众的情感和文化需求。

二、告别仪式基本程序

一般告别礼的仪式程序：
① 入场，全体肃立、默哀；
② 致悼词；
③ 生前好友或街邻等讲话（此前可宣读唁言或唁函）；
④ 孝子或孝女致答谢词；
⑤ 来宾向逝者之灵行三鞠躬礼；
⑥ 绕灵一周，瞻仰遗容，并慰问家属；
⑦ 自由悼念，告别仪式结束。

三、告别仪式的策划

（一）告别仪式策划的基本要求

1. 告别仪式主题要鲜明

在策划告别仪式时，首先要根据殡仪服务单位和殡仪服务对象本身的实际情况（殡葬活动的时间、地点及预期投入的费用等）做出准确的判断，并且在进行总体分析之后，确定一个主题。

范例赏析

示例：
　　逝者信息：王××，女，××市小学老师，已婚，女儿6岁，因突发心脏病倒在讲台前。
　　跟家属充分沟通，了解逝者基本情况、生前喜好等后，殡葬司仪认为：从教师的身份出发，仪式的第一要义在于她热爱自己的教师职业，而逝者由于突发疾病而终，一生短暂；第二要义是挖掘在教师身份之外的另一个她，凸显她积极乐观的生活心态。因此，拟定了告别仪式主题——"你好，旧时光里的老师"，寓意在于：生命也许短暂，却也可以活出自己的精彩。亲友都是在最美好的时光遇见了王××这样一个美好的人，点点滴滴的美好时光会留在每个人的心里，她活出了有意义的一生。

2. 仪式会场布置和流程设计都要围绕主题进行

如果告别仪式的内容和主题不符合，那么很难达到预期的效果，要想达到良好的预期效果，就要紧紧地围绕主题开展一系列具体的告别仪式。

> **范例赏析**

示例：

以上述王××女士告别仪式场景布置为例，围绕主题拟进行以下会场布置。

（1）室外主题展示

礼厅入口LED屏：你好，旧时光里的老师。

礼厅门头装饰：按照主题，配合鲜花、绿植装饰。

礼厅外场：地毯，主题元素喷绘参差摆放，配合鲜花、绿植装饰。

（2）签到区　设置主题签到指引板，设置签到桌。签到桌花艺布置，摆放逝者相框，温馨摆件装饰，也可以放置逝者生前的教案、教具。签到区设氛围灯光，背景素雅，地面以鲜花、绿植装饰。

（3）告别仪式区　告别区空间装饰：简洁素雅，礼厅前方放置几组主题元素花艺造景若干（书籍、黑板等花艺造型）。主背景：LED屏（紫色，时钟图案，字：你好，旧时光里的老师；王××女士·人生告别会）。

围棺采取横置模式，便于亲友与逝者情感链接。棺内、棺前、周边适当位置布置主题花艺造景。

灯光：设置时钟LOGO灯旋转游走，配合仪式节点设置追光灯，主景及围棺设置氛围灯光。灯光根据仪式节点适时使用。

来宾区：来宾区紧凑设置，摆放座椅，椅子装饰白色蝴蝶结，家属前排就座。

遗体暂放区：告别区左前侧用帷幔隔出遗体暂放区，遗体经专用通道至遗体暂放区。

音响、灯光、道具及其他物料根据现场效果需要实际配置调整。

3.策划要具有良好的可执行性

一个良好的悼念创意策划，应该具有很强的可操作性。策划要做到具有良好的执行性，除了需要进行周密的思考外，详细的活动安排也是必不可少的。活动的时间和方式必须考虑执行地点和执行人员的具体情况，要进行仔细的分析，在具体活动的安排上应该尽量周全。另外，还应该考虑外部环境（如天气、民俗）的影响，还要有告别仪式的应急预案。

> **范例赏析**

示例：

告别仪式应急预案

① 提前检查告别厅的音响、显示屏等设备，确保完好无损，可以顺利投入使用。准备备用发电设备，确保在遇到突发停电时能马上启动备用发电设备，保证告别仪式的顺利进行。

② 提前了解当天的天气情况，如遇到雨雪天气，准备好黑伞若干把，遇到恶劣天气时，还需要准备好防滑垫。

③ 提前了解当天的交通情况，提前踩点留意路况，有无交通管制。规划好备用路线，如出

现交通管制或交通拥堵，请接殡的灵车司机及时换其他路线。

④ 备用殡葬司仪一名。在殡葬司仪和家属沟通的过程中，备用殡葬司仪同时参与。如遇到告别时殡葬司仪不能及时到场的情况，备用殡葬司仪可以接替工作，完成仪式。

⑤ 对于家属激动而造成的失控局面，殡葬司仪要与家属进行沟通，及时将这些情绪激动的亲属请到休息厅平复情绪。

⑥ 提前了解逝者家属的身体状况，如有心脏病、高血压等病史，提醒家属备好相应的应急药品。礼仪服务组也应常备应急药物。

（二）告别仪式策划的基本程序

告别仪式策划一般遵循以下程序：

① 与家属沟通，充分了解逝者基本情况和家属要求；

② 确定告别仪式主题；

③ 确定告别仪式会场布置情况，绘制会场设计图；

④ 确定告别仪式基本流程。

（三）告别仪式策划书

告别仪式策划书应是一份创意突出而且具有良好的可执行性的活动策划指导书。一份高水平的告别仪式策划书，无论对于提高殡仪服务单位的知名度，还是增加殡仪服务内容的美誉度，都将起到积极的作用。

告别仪式策划书的一般内容如下：

① 人员分工；

② 日程和活动安排；

③ 告别仪式应急预案。

（四）告别仪式执行方案

告别仪式的执行，要综合考虑各个流程、工作环节、负责部门，根据仪式的具体流程的推进进行安排，每项具体工作都要安排负责人。

可以将执行过程、执行时间、执行负责人设计成表格，便于具体操作。

【任务实施】

（1）根据授课班级情况，分好小组，每组发放大白纸、水彩笔等工具。

（2）以小组为单位，每小组从教师准备的人物背景材料中，选取一个作为本项目的人物背景。

（3）以小组为单位，每小组根据选取的人物，丰富人物背景，制作一份PPT讲述其"生命故事"。

（4）以小组为单位，每小组根据选取的人物，为本场告别仪式拟定主题，并选取主题背景音乐。

（5）以小组为单位，每小组根据选取的人物，为本场告别仪式绘制主题告别仪式的会场布置图。

（6）以小组为单位，每小组根据选取的人物，撰写主题告别仪式策划书。

范例赏析

告别仪式策划书示例：

×××告别仪式策划书

××××年××月××日××时总负责人组织有关人员召开了×××治丧工作会议，商议具体告别仪式安排事宜，确定告别仪式的日程安排、人员分工和活动内容如下。

1. 人员分工

（1）总负责　×××负责告别仪式的总体指挥、指导并检查各项具体工作；

（2）总协调　×××负责追悼（告别）仪式等现场的协调、布置、接待、联络、沟通等工作；

（3）主持（司仪）　×××负责主持追悼和告别仪式；

（4）致悼词（答谢词）　×××（逝者单位的领导或逝者家属）负责宣读悼词或答谢词；

（5）行程负责　×××负责车辆指挥和逝者家属的接送与来宾接送工作；

（6）用品负责　×××负责花圈、殡仪花篮及其他殡葬用品的购买、租赁和管理；

（7）餐饮负责　×××负责协助做好告别仪式后安排酒店等工作，负责桌位的摆设，客人的入席分布及接待工作；

（8）摄影师　×××负责告别仪式或追悼（告别）仪式的摄影和录像工作。

追悼（告别）仪式前二天确定工作人员，并在前一日通知工作人员确认时间并做好告别仪式的安排工作。

2. 日程和活动安排

（1）××××年××月××日××时殡仪车到达遗体接运地点。

（2）遗体停放地址为×××××；联系人×××；电话（固话、移动）××××。

（3）××××年××月××日××时摄影师到达遗体接运地点，并与殡仪服务对象进行联系和沟通，沟通的当天拍摄有关场面。

（4）××××年××月××日××时用品负责人将花圈、殡仪花篮及其他殡葬用品送到×××××（指定的地点）。花圈××个、殡仪花篮××个、捧花××束、小白胸花××朵、黑纱××个。

（5）××××年××月××日××时，逝者×××先生（女士）告别仪式正式开始（×××主持、×××致悼词等）。

（6）告别仪式在××××殡仪馆×××告别厅举行。

（7）参加告别仪式的人员名单

①逝者配偶（父母）：×××；

②儿子：×××、×××；

③女儿：×××、×××；

④其他亲属：×××、×××、×××、×××；

⑤生前好友：×××、×××、×××、×××、×××、×××。

（8）告别仪式的会场布置和准备情况

①××××××；

②××××××；

③××××××；

……

（9）告别仪式的流程

①××××××；

②××××××；

③××××××；

……

（10）告别仪式结束，协助家属善后相关事宜

①××××××；

②××××××；

③××××××；

……

3.告别仪式应急预案

××××××。

（7）以小组为单位，每小组根据选取的人物，制订主题告别仪式执行表。

范例赏析

告别仪式执行表示例：

×××告别仪式执行表

序号	工作事项	负责人	第1天	第2天		第3天	
1	仪式策划		筹备会	方案策划/费用预算/工作完成			
2	告别厅布置			布置		工作完成	
3	生前回顾VCR			生前照片/影像资料搜集	影像制作	影像修正	工作完成
4	采买物料			确认并采买		工作完成	
5	殡葬文书拟写			撰写	修正	工作完成	
6	仪式演练					演练	工作完成
7	宣传				确定宣传媒介	确定宣传内容	再次确认	工作完成

（8）以小组为单位，每小组经过讨论，对可能在告别仪式策划主持过程中出现的意外情况提出解决预案。

事件一：在告别仪式过程中，突然断电，如何处理这种突发状况？

事件二：告别仪式即将开始时，家属突然扑倒在告别棺上使劲哭喊，甚至捶打水晶棺罩，其他家属不劝阻或者是劝阻无效，这时应该如何处理？

事件三：告别仪式结束后，家属在原地哭喊不愿离开，这时殡葬司仪上前慰问其家属并指导家属如何进行后续流程，家属却无理取闹将怨气都撒向殡葬司仪时，该如何处理？

【任务评价】

进行小组展示和总结，学生自我评价及工作成果展示。详见"任务评价工作手册"。

任务8-2　告别仪式准备

【任务描述】

作为殡葬司仪，承接告别仪式，根据策划方案做好个性化告别仪式的准备工作。

【任务要求】

以小组为单位，进行相关材料准备。

【相关知识】

一、告别仪式的准备工作

仪式准备是告别仪式的前期工作，主要安排、落实有关具体事项。

（一）安排亲友迎送车辆

告别仪式一般在殡仪馆或殡仪服务中心举行，丧家的亲朋好友一般都要到场参加。如果人数较多，丧家应安排好迎送的车辆，并通知亲友上车的时间、地点，以方便亲友去殡仪馆或殡仪服务中心。安排车辆的方式有如下三种。

① 委托殡仪馆或殡仪服务中心联系客车。这是殡仪馆或殡仪服务中心推出的便民服务，丧家只需在业务洽谈时说明上下车的地点，殡仪馆或殡仪服务中心便可提供客车为丧家接送亲友。这种方法最省力、省心。

② 到出租车公司预订车辆。必须提前预订，车辆大多在丧家家门口出发，届时亲朋好友先到丧家家中集合，然后随车去殡仪馆或殡仪服务中心。

③ 由逝者单位派车。逝者生前的同事要参加追悼会，一般由单位派车接送，出发地点是在单位。追悼会结束后，还应安排车辆送客人，如果准备了丧宴，还应安排车辆去饭店。

（二）告别仪式礼厅布置

告别厅大多安排在殡仪馆或殡仪服务中心的礼厅，举行仪式的礼厅应该经过专业人员的精心布置，布置应体现庄严、肃穆的气氛，并充满人情味。

告别厅的基础布置一般如下：礼厅正前方墙壁用电子显示屏或者横幅等形式，书写"×××同志告别仪式"或"沉痛悼念×××同志"。横幅下方摆放长桌，桌中间摆放逝者的遗像，遗像选用黑边镜框，可用黑纱或鲜花装饰。遗体安放在长桌正前方，头朝遗像方向。安放遗体的灵床四周用鲜花围起，使遗体安卧于鲜花丛中。亲朋好友送的花圈和花篮在灵床的两边排开。

以上是告别厅的基础布置要求，但随着个性化告别仪式的不断推广，礼厅布置人员可根据个性化告别仪式策划方案，进行个性化的礼厅布置，示例图见图8-1。目前，个性化花艺设计已经在告别仪式会场布置中起到举足轻重的作用。

图8-1　个性化告别仪式会场布置图示例

（三）礼仪人员的准备

举行告别仪式（追悼会），一般要确定告别仪式司仪1人，司仪是整个仪式的主持者、引导者。同时也可以确定协助师2人，以帮助司仪顺利地完成仪式，例如帮助完成场地的布置、人员的引导安排、动作的示范等工作。专业的礼仪人员，都必须熟悉礼仪程序及各方面的专业知识。

（四）礼仪用品的准备

礼仪用品主要包括以下几方面。

① 礼厅入口处放置于盒中的白色胸花、别针等。

② 场地的音响设备（放音机、投影仪、光碟、话筒等）。

③ 为老弱病残设置的座椅坐垫等。

④ 其他个性化告别仪式会场布置所需用品。

（五）确定仪式司仪

在追悼会上，司仪是串起整个仪式的主要人物，相当于节目主持人。从追悼会开始到结束的每一项程序都是由司仪来宣布进行的，因此确定司仪的人选很重要。司仪应具有一定的专业、文化水平，不紧张、不怯场，讲话得体，仪表端庄，有时人选由逝者生前的单位委派；更多的时候由殡仪馆或殡葬服务中心的司仪主持追悼会。

（六）与丧主和殡仪服务人员沟通

1. 与丧主沟通告别礼仪程序、参加告别仪式人员及有关文书

① 沟通参加人员身份与人数及要求。

② 沟通答谢词、悼词的致辞人员。

③ 其他需要沟通的事项。

2. 与殡仪服务员沟通

① 与策划人员沟通个性化告别仪式的策划方案。

② 与殡葬司仪、协助师等沟通相互配合的事项。

二、告别仪式的相关殡葬文书撰写

（一）告别仪式主持词的撰写

1. 告别仪式上主持词的撰写基本格式

告别仪式主持词一般格式如下：

（1）标题　第一行居中的位置上写"主持词"。

（2）称谓　另起一行顶格写致辞对方的姓名、头衔，既可以是广泛对象，也可以是具体对象。称呼后加"："以示引领全文。

（3）正文

① 宣布遗体告别仪式现在开始。

② 要求来宾全体肃立，默哀，默哀毕。

③ 说明仪式的目的。

④ 说明逝者出生时间、去世时间、去世原因。

⑤ 逝者生平简介。
⑥ 领导发言。
⑦ 家属答谢。
⑧ 集体三鞠躬。
⑨ 瞻仰遗容。
⑩ 慰问家属。

（4）结语　宣布仪式结束。对来宾表示感谢。

2.告别仪式主持词注意事项

告别仪式主持词拟写注意围绕主题，增强仪式的代入感。

（二）悼词的撰写

悼词是追悼会上宣读的一种文书，是对逝者一生的总结。准备悼词先要了解逝者的生平、主要贡献、组织的评价等。悼词一般由逝者单位撰写，也可由亲属来写。领导干部或是有公职的人死后多由组织上写悼词。一般来讲，谁写悼词就由谁来宣读，单位写也可由单位派人宣读，亲属写可由亲属宣读，多为长子宣读。

1.悼词的由来与特征

悼词是对逝者表示哀悼的话或文章。广义的悼词是指向逝者表示哀悼、缅怀与敬意的悼念性文章；狭义的悼词专指在追悼大会上表示对逝者哀思与敬意的宣读式的专用文体。广义的悼词，多由逝者的亲朋好友或师长学生等撰写。文章一般历叙逝者的生平业绩和优秀品质，尤其突出其在某一方面的杰出贡献或动人事迹，及对自己的勉励、影响等。文章依撰写者的身份采用不同的叙写形式，一般以抒情为主，也可以叙事、议论相结合。狭义的悼词，一般以记叙或议论逝者的生平功绩为主，而不以抒情为主。

2.悼词的注意事项

悼词一般不涉及缺点。由单位撰写的悼词，应由所在单位的组织领导派专人负责，有些特殊人物的悼词，还要呈报有关上级批准，或者成立治丧委员会，进行专门研究。

在单位宣读完毕悼词后，逝者的家属还要致以答谢性质的悼词。内容除了衷心感谢来参加追悼大会的各位亲戚朋友、同事师长以外，尤其更要抒发对逝者的特殊感情，同时表示化悲痛为力量的决心。

3.悼词的基本结构

悼词的基本结构由三部分组成。

① 报逝者的简历和职务。主要介绍逝者的籍贯、身份、家庭情况、参加工作时间。
② 颂扬逝者的生平主要事迹和优秀品质，要具体、概括、突出重点。
③ 概论逝者应享有的荣誉，及生者继承逝者的遗愿等。

4.告别仪式悼词示例

范例赏析

示例1：××一中隆重举行×××同志追悼大会

××一中隆重举行×××同志追悼大会

虎岭肃穆，龙津呜咽，苍天垂泪，学子摧悲。××××年××月××日上午××时，××一中在学校田径运动场隆重举行追悼大会，沉痛吊唁在"×·×"车祸中遇难的×××同志。

×××同志××××年××月××日生于×国。××××年随父亲回到新生的共和国，从此就在祖国的这片热土上成长，并终生为之服务，直至献身。××××年××月，他在××一中高中毕业，又以优异成绩考上××大学。××××年大学毕业后，服从国家需要到××省××××厂工作。××××年，调入母校××一中任教。其中担任××届高中毕业班教学，担任班主任××年、年级主任××年，××××年起先后担任学校教务处副主任、主任。

×××同志就像一颗闪亮"螺丝钉"，在教育教学和行政工作岗位上都做出显著成绩。他有一颗金子般的爱国、爱岗、爱生之心，又有丰富的教育教学、教研和管理经验。他的高尚道德品质、忘我的工作热情、丰富的教学经验、谦逊的智者风范，赢得社会和师生好评，先后获得××省"教书育人先进工作者"、师德标兵，××市"十佳教师"、优秀共产党员等××余项荣誉称号。

×××老师虽然离开了我们，但是他的精神力量和人格魅力将永存人间，成为激励××一中人不断奋进、勇攀高峰的精神财富。我们要化悲痛为力量，学习他的热爱祖国、忠诚人民的教育事业的崇高精神；学习他"干一行就做好这一行"的工作作风；学习他"心中有他人、事事人为先"的高尚品德；学习他勤奋学习、勇于探索的治学品格；学习他艰苦朴素、严以律己的人生态度；把××一中的各项事业不断推向新的高度，为国家、为×××培养更多更好的优秀人才，以告慰×××老师的在天之灵！

示例2：父亲追悼会长子悼词

悼词

几天冷雨，苍天为我哭父亲；今日放晴，笑送我父上路。前日雪花飞舞，长空为我披孝；今天波涛滚滚，两江为我放悲。可怜我父，生于兵荒马乱之中，幼年父逝，××岁扛犁下地，母亲年迈，大兄生病瘫痪，柔弱嫩肩，扛起家庭生活重担。歪亭角挑堤，落下疾病祸根。感谢×公，改革之光惠及吾父：汉正街头，米筛书摊地下摆；针头线脑，当街可以批发。这才使生活逐渐出现转机：于改革时期，在汉水街琉璃巷重置板房一间，后还建小户型一套。

可怜我爸爸，虽然儿孙满堂，可基本一辈子匹马单枪，独来独往，形影相伴；常常居无定所，食无定餐。养成了他自强独立之人格。我父幼年曾就读于××临中，即××步校前身。尤精地理，不管是全球全国大地理，还是关乎荆楚大地一村一寨的乡土地理，他都了然于胸！

他参透世事人生，处事守常适中。受苦那么多，却没有一个仇人怨人！教育子女，身教言教并重。

老爸，您走了，我再到哪里问计去？

> 老爸，您走了，我再向谁诉心曲？
>
> 老爸，您走了，您的三子四子，长孙次孙，找谁"将一盘"去？
>
> 老爸，您走了，谁再教您的重孙"站着躺着都是一"？
>
> 老爸，您安息吧！您活着时，您的身影，是我们人生的路碑！您去了，我们的身影，将成为您人生的精神墓碑！

（三）答谢词的撰写

答谢词是亲属在追悼会上宣读的文书。逝者生前病重住院时得到过组织、单位同事、亲友等许多人的关心，去世后办理丧事时又得到许多人的帮助，对这一切，家属是十分感激的。为了表示谢意，在追悼会上家属要致答谢词。答谢词的内容可以简单回顾逝者的病情、住院期间单位的照顾、亲友的关爱、家属及子女的心情等，并对所有关心过逝者的人和单位表示感谢。

1.答谢词的基本格式

（1）标题　第一行居中的位置上写"答谢词"。

（2）称谓　另起一行顶格写致辞对方的姓名、头衔，既可以是广泛对象，也可以是具体对象。称呼后加"："以示引领全文。

（3）正文

①表达对大家来参加仪式的感谢。注意要特别感谢逝者生前工作过的单位。

②简述逝者生平，表达哀思。

（4）结语　再一次对到场来宾表达感谢之情。

2.答谢词示例

> **范例赏析**
>
> **答谢词**
>
> 尊敬的各位领导、各位亲朋、各位来宾：
>
> 今天，我们怀着万分悲痛的心情，为我的爷爷举行告别仪式，寄托我们的哀思。首先，请让我代表我们整个大家庭向大家表示诚挚的感谢。感谢你们在百忙之中来到这里，和我们一起，向我的爷爷作最后的告别。感谢大家在爷爷生前以及去世后对我们的关怀和帮助。在这里，也要特别感谢××县工商局——爷爷生前曾经工作过的单位，感谢你们今天在这里为我的爷爷举行追悼仪式。
>
> 爷爷的逝世，是我们家的巨大损失，噩耗传来，内心疼痛无法自持，只有放下手头的工作，长跪在爷爷灵前，才能求得心中片刻宁静。爷爷自小父母双亡，孤苦无依，在国破家亡、战火纷飞的年代长大，靠亲朋提携、邻里接济，务农、打杂才勉强维持生计。新中国成立后，爷爷积极

参加工作，成为一名共产党员。告别无依无靠、流离失所、缺衣少食生活的爷爷，把自己的心灵和身体都献给了共产党。同时也塑造了清白做人、自食其力的人生价值观。

爷爷成家之后，经常为工作东奔西跑、兢兢业业、任劳任怨、大公无私，对家里往往照顾不到，以至于爷爷一生觉得最亏欠的就是奶奶。爷爷一生为人正直，疾恶如仇。爷爷对人礼貌友善，乐于助人，在工作中、生活中广受赞誉。爷爷对家人却很严格，要求我们自强自立、诚实正直、自食其力，让我们坦诚待人，兄弟姐妹团结、和谐、互相帮助、积极向上。

爷爷是一名合格的共产党员，是子孙们的一生的榜样，但把自己看得很轻。爷爷从不喜欢给别人添麻烦，即便对我们子孙，唯一的期望也是希望我们平安、幸福，工作顺利，不愿意让我们为他分心。自从奶奶去世后，爷爷失去了一辈子的伴侣，一天比一天衰老，精神也一天比一天委顿。我们这些在外工作的子孙，牵挂的不仅仅是他的身体，更牵挂他的精神。我们也靠自己的努力，遵循爷爷的教诲，一代一代人，一步一步、努力去实现您的期望，您却跟我们永别了，虽然我知道您舍不得我们，但您还是去陪奶奶了。我们再也不能听到您的声音，看到您的样子了。我们为爷爷您感到无比骄傲，同时也为失去您肝肠寸断。当我抬头看夜空的时候，我想只有那月亮最像您，皎洁的明月，一如您清白正直的一生，一如您大公无私的高风亮节。此时此刻，脑海中浮现您的面容，只有泪水伴着思念无声流淌。

最后，让我再一次代表我们全家感谢今天所有出席追悼会的领导、亲戚和来宾，您对我们的关心和帮助，我们将铭记于心。

3. 告别礼上的其他殡葬文书

（1）挽联

① 父亡选用：

难忘手泽，永忆天伦；

继承遗志，克颂先芬。

② 母亡选用：

难忘淑德，永记慈恩；

春晖未报，秋雨添愁。

③ 灵堂通用：

音容已杳，德泽犹存；

精神不死，风范永存。

灵魂驾鹤去，正气乘风来。

良操美德千秋在，高节亮风万古存。

④ 挽各界人士：

政界：

丹心照日月，刚正炳千秋。

正气留千古，丹心照万年。

天上大星沉万里云山同惨淡，人间寒雨进三军笳鼓共悲哀。

守土共存亡先鞭作我三军气，挥戈思勇决信史传兹百世名。

学界：

学界泰斗，人生楷模。

学子无良师，老成有典型。

（2）挽幅

① 60岁以上家庭告别：

×××大人（老人）千古。

×××大人安息。

沉痛悼念×××大人。

② 60岁以下家庭告别：

沉痛悼念亲人×××。

×××先生（女士）安息。

爱妻（子、女）×××安息（一路走好）。

③ 单位：

沉痛悼念×××同志（同学）。

×××同志（同学）追悼会。

×××同志（同学）永远活在我们心中。

【任务实施】

（1）根据任务8-1的分组，每组发放告别仪式准备的相关用品。

（2）以小组为单位，每小组进行告别仪式会场布置，主要包括：

① 电子显示屏或横幅；

② 仪式桌；

③ 遗像；

④ 其他个性化的礼厅布置。

（3）以小组为单位，每小组进行告别仪式主持词、悼词、答谢词等殡葬文书的撰写。

范例赏析

告别仪式主持词

大家请安静。

在告别仪式开始以前，请您关闭移动电话，戴帽子的同志请脱帽，谢谢合作。

尊敬的各位来宾、各位亲友：

今天是××××年××月××日，在这无比忧伤的日子里，让我们送别我们至亲至爱的人——罗×。

音频示范

首先，我代表逝者家属对各位来宾的到来表示衷心的感谢。

下面，请全体肃立。

默哀。

默哀毕。

有这样一个人，一个像蝴蝶般美丽的人，在经过多年的破茧幻化后，换得一段璀璨的短暂时光，生如夏花之绚烂，逝如秋叶之静美，无情的厄运可以带走脆弱的生命，却带不走她那光彩夺目的人生。

下面请逝者生前单位领导宣读悼词：（罗×同志悼词）。

往事已矣，物是人非，今天，罗×的好友也来到了这里，下面请她的好友致怀念词：（好友致辞）。

感谢好友的真情诉说，让我们再次感受到了罗×的美好，也重新体会着她的点点滴滴。人间有爱，岁月无情。罗×同志带着对生活的眷恋，对丈夫的依依不舍，永远地离开了我们。烟花易冷，美景易逝，相隔咫尺却似各自天涯。下面请罗×的爱人致答谢词：（爱人致答谢词）。

生命中有太多的回忆，总会伴有欢笑和泪水，而有些场景，则是一辈子都无法抹去的。无论是快乐还是忧伤，回想，总会有一些温馨荡涤在你的心海，辉映出一种别样的暖。记得在病重期间，每当朋友去看她，无论她有多难受、多虚弱，总会让家人帮她好好打理下。她说，要给朋友们留下美好的印象，不要让大家难受。此时此刻让我们衷心祝愿罗×同志一路走好，请全体家属及来宾面向亲人肃立站好，向亲人遗体送别三鞠躬。

下面进行遗体告别，请来宾绕灵一周瞻仰遗容慰问家属。

请各位家属节哀，随我到亲人脚下。

亲爱的罗×，我们始终相信，过了今天你就能萌生出一对美丽的翅膀，如你渴望的那样，在阳光下飞翔。全体亲属，送上我们最后的祝福吧。全体

一鞠躬！

再鞠躬！

三鞠躬！

告别仪式到此结束。

【任务评价】

进行小组展示和总结，学生自我评价及工作成果展示。详见"任务评价工作手册"。

任务8-3 告别仪式主持

【任务描述】

作为殡葬司仪，承接告别仪式，根据逝者情况和家属要求主持一场个性化告别仪式。

【任务要求】

以小组为单位，进行相关准备和模拟操作。

【相关知识】

一、常见的不同逝者告别仪式的分类

① 按照逝世原因分：壮烈牺牲者告别礼；寿终正寝者告别礼；不幸遇难者告别礼；患病者告别礼。

② 按逝者年龄分：婴儿告别礼；青少年告别礼；中年告别礼；老年告别礼。

③ 按逝者性别分：男士告别礼；女士告别礼。

二、告别仪式前席位的安排

司仪在告别仪式（追悼会）开始前应该组织家属和来宾合理站位或者落座。告别仪式（追悼会）上应根据参加者的不同身份安排不同的席位。亲属站在会场的前排，其余人站在后排。民间长子为丧主，即以他的名义办丧事，长子长媳站最前排，后面是次子次媳，再后是女儿女婿等。如果有领导参加，则应站在前排。司仪站在前排的左侧，这样可以面对亲属，也可以面对其他与会者。司仪、致辞人在讲话时应站在礼厅的前方，要面对与会者，并有一定距离，礼厅人多可使用话筒，让后面的人也能听清楚。乐队站在会场的右侧。这种席位的安排使死者处于"尊位"，体现了中国殡葬文化中"死者为大"的原则。

【任务实施】

（1）以小组为单位，每小组进行告别仪式模拟。

① 准时开始，按时完礼。

② 程序按序进行，完整。

③ 驾驭气氛。

A. 中哀始礼（哀乐与默哀）。

B. 深哀至极（致悼词）。

C. 引致中哀（答谢词）。

D. 小哀礼成（向遗体告别、问候丧主）。

（2）以小组为单位，每小组进行告别仪式的总结。

在召开告别仪式（追悼会）时要注意以下几点：

一是布置告别仪式会场时要本着个性化设计、节约原则；

二是参加追悼会的人员要怀着沉痛的心情；

三是悼词要先写，并确认好恭读人；

四是逝世者生前好友的讲话要简明精炼；

五是对唁信、唁电不要每篇都读，可说明收到篇数；

六是亲属代表讲话，也要先写出底稿，主要讲逝世者生前的功绩，对领导、群众、亲友无微不至的关怀表示感谢，并表明要承遗志，化悲痛为力量，完成好工作和学习，报答领导和亲友的厚爱；

七是注意严密的操作性，在组织和主持告别仪式的过程中，成功的机会只有一次，一旦出现失误就无法弥补了。

【任务评价】

进行小组展示和总结，学生自我评价及工作成果展示。详见"任务评价工作手册"。

模块九 入化纳灵仪式

课程思政资源

> **情景导入**
>
> 　　某殡仪馆殡仪服务员小王，主要负责告别厅的预订工作。一天下午逝者家属前来预订第二天的告别厅，小王查询后发现第二天所有告别厅均已订出，也没有其他家属表示过退订。家属情绪开始激动，小王一边安抚家属，一边开始征求家属意见是否可以改天办理告别。得知家属已经通知好所有来宾，并且回老家的车票都已经买好，就等着明天开完告别仪式把骨灰运回老家了，告别时间不能拖，不能改天。
>
> 　　小王把情况上报给主管副主任，副主任得知情况后立即来到接待室开始和家属接洽，了解情况后得知告别人数在很小范围内，随后征求家属意见，是否可以采用入化纳灵仪式。起初家属并不理解，副主任随即解释，入化纳灵是在火化炉前最后送别亲人和遗体火化后整理骨灰的一项服务项目。家属了解后觉得没有其他办法，只好采取这种措施，最后同意了。遗体告别当天，殡仪服务员为家属完整地做完入化纳灵仪式，家属表示非常感谢，并向殡仪服务员鞠躬致意。
>
> 　　请思考：如果你是这位殡仪服务员，你将如何组织家属进行入化纳灵仪式？

知识目标

（1）掌握入化纳灵仪式的用品和人员准备。

（2）掌握入化纳灵仪式的程序。

能力目标

掌握个性化入化纳灵仪式的策划与主持技能。

思政与职业素养目标

（1）通过参与逝者遗体火化这一特别时刻，感受火化前后生命物理形态的变化，进而感受到生命的珍贵，能以生命文化、生命哀美的素养，以温馨的服务守护逝者尊严，以感人的仪式启迪生者生命，提升殡葬服务水平。

（2）提升殡葬司仪的职业认同感和社会责任感。

核心概念

入化纳灵仪式

任务9-1　入化纳灵仪式的策划

【任务描述】

作为殡葬司仪，承接入化纳灵仪式，根据逝者情况和家属要求策划一场个性化入化纳灵仪式。

【任务要求】

以小组为单位，进行相关材料准备。

【相关知识】

 一、火化与火葬

（一）火化

一般的火化是指告别仪式结束后，遗体将被火化。为了文明、卫生火化，遗体都装入一次性的纸棺或木棺中。纸棺或木棺随遗体一同火化。用于火化遗体的炉子按科技含量高低，一般分为履带式火化炉和台车式火化炉。

1. 履带式火化炉火化

由传送带将遗体送进炉体，火化后人工将骨灰钩出，家属可以戴上一次性的卫生手套，用特制的筷子或夹子为亲人纳骨。

2. 台车式火化炉火化

新型绿色环保的台车式火化炉采用天然气燃烧，利用燃烧技术配以其他辅助措施来达到消烟、除臭、除噪声的目的，从根本上解决了火化系统对环境的污染，同时还具有告别、进炉、冷却、收纳灵骨全自动的功能。该火化系统集人文科学、现代燃烧技术、自动控制系统、计算机管理于一体。

选用台车式火化炉火化遗体时，家属进到火化车间前厅与遗体告别，然后目送遗体进入火化炉，同时有条件的还可以通过炉膛内的摄像头在电脑屏幕观看火化过程。绿色环保的台车式火化炉满足了家属的特殊需求。

（二）火葬

火葬是一种处理尸体的方式，具体而言是以火把尸体烧成骨灰，然后安置在骨灰瓮中、埋于土中、撒于水中或空中，甚至以火箭射上太空。

1985年2月8日国务院发布《国务院关于殡葬管理的暂行规定》，首次规定在人口稠密、耕地较少、交通方便的地区推行火葬，并对不遵守该规定的国家职工实行处分。1997年7月21日发布的《殡葬管理条例》也有同样的规定。2009年民政部发布的《民政部关于进一步深化殡葬改革促进殡葬事业科学发展的指导意见》也指出"坚持推行火葬，创新骨灰安葬方式。科学确定火葬区域和范围，根据人口密度、交通状况、设施配置和群众接受程度，逐步扩大火葬区。继续巩固提高火化率，推广节地葬法，着力治理'装棺二次葬'，倡导不保留骨灰，实现骨灰安葬多样化，降低占地安葬比例"。

二、入化纳灵仪式基本程序

一般入化纳灵的仪式程序为：
① 入场，全体肃立、行注目礼；
② 家属致辞；
③ 放随葬品（一起火化）；
④ 向逝者三鞠躬（或三叩首）；
⑤ 目送遗体入炉；
⑥ 捡骨灰（从头到脚）；
⑦ 装骨灰（从脚到头）；
⑧ 放随葬品（小件物品可以放在骨灰盒内），整理（包裹）骨灰盒。

三、入化纳灵仪式的策划

（一）入化纳灵仪式策划的基本要求

入化纳灵仪式策划的基本要求与告别仪式大体相同。其策划主题要鲜明，流程设计和主持词要紧扣主题，同时策划也应具有良好的可执行性。

（二）入化纳灵仪式策划的基本程序

入化纳灵仪式策划一般遵循以下程序：
① 与家属沟通，充分了解逝者基本情况和家属要求；
② 确定仪式主题；
③ 确定随葬品（一起火化和放在骨灰盒内的）；
④ 确定仪式基本流程。

（三）入化纳灵仪式策划书

入化纳灵仪式策划书应是一份创意突出而且具有良好的可执行性的活动策划指导书。一份高水平的入化纳灵仪式策划书，无论对于提高殡仪服务单位的知名度，还是增加殡仪服务内容的美誉度，都将起到积极的作用。

入化纳灵仪式策划书的一般内容如下：

① 人员分工；

② 日程和活动安排；

③ 入化纳灵仪式应急预案。

【任务实施】

（1）根据授课班级情况，分好小组，每组发放大白纸、水彩笔等工具。

（2）以小组为单位，每小组从教师准备的人物背景材料中，选取一个作为本项目的人物背景。

（3）以小组为单位，每小组根据选取的人物，丰富人物背景，为家属制作一份回忆短片（PPT或视频格式均可）。可通过以时间线为轴或以重点事件为轴完善人物轨迹。

（4）以小组为单位，每小组根据选取的人物，为本场入化纳灵仪式拟定主题，并选取主题背景音乐。

① 主题的选取需贴合逝者身份，题目尽量具体、通俗易懂，不要选取含义覆盖面较大的题目作为主题。

② 音乐选取可以是逝者生前喜好的音乐，或者家属喜欢的音乐，但尽量不使用有人声或者节奏感过强的音乐。

（5）以小组为单位，每小组根据选取的人物，为本场入化纳灵仪式设定个性化的仪式环节。

① 仪式环节宜少不宜多。

② 环节尽量贴合逝者身份或所发生的事件。

③ 环节内容尽量能够有互动性，能够让家属真正地参与进来。

（6）以小组为单位，每小组根据选取的人物，撰写入化纳灵仪式策划书。示例如下：

范例赏析

×××入化纳灵仪式策划书

××××年××月××日××时总负责人组织有关人员召开了×××治丧工作会议，商议具体入化纳灵仪式安排事宜，确定仪式的日程安排、人员分工和活动内容如下。

1. 人员分工

（1）总负责　×××负责入化纳灵仪式的总体指挥、指导并检查各项具体工作。

（2）总协调　×××负责入化纳灵仪式等现场的协调、提醒、接待、联络、沟通等工作。

（3）主持（司仪）　×××负责主持入化纳灵仪式。

（4）致悼词（答谢词）　×××（逝者单位的领导或逝者家属）负责宣读悼词或答谢词。

（5）行程负责　×××负责车辆指挥和逝者家属的接送与来宾接送工作。

（6）用品负责　×××负责殡葬用品的购买、租赁和管理。

（7）餐饮负责　×××负责协助做好仪式后安排酒店等工作，负责桌位的摆设，客人的入席分布及接待工作。

（8）摄影师　×××负责仪式的摄影和录像工作。

入化纳灵仪式前二天确定工作人员，并在前一日通知工作人员确认时间并做好仪式的安排工作。

2.日程和活动安排

（1）××××年××月××日××时殡仪车到达遗体接运地点。

（2）遗体停放地址为×××××；联系人×××；电话（固话、移动）××××。

（3）××××年××月××日××时摄影师到达遗体接运地点，并与殡仪服务对象进行联系和沟通，沟通的当天拍摄有关场面。

（4）××××年××月××日××时用品负责人将殡葬用品送到××××（指定的地点）。随葬品（包含一起火化的和放在骨灰盒内的）、捧花××束、小白胸花××朵、黑纱××个。

（5）××××年××月××日××时，逝者×××先生（女士）入化纳灵仪式正式开始（×××主持、×××致悼词等）。

（6）入化纳灵仪式在××××殡仪馆×××炉举行。

（7）参加仪式的人员名单

①逝者配偶（父母）：×××；

②儿子：×××、×××；

③女儿：×××、×××；

④其他亲属：×××、×××、×××、×××；

⑤生前好友：×××、×××、×××、×××、×××、×××。

（8）仪式准备情况

①××××××；

②××××××；

③××××××；

……

（9）仪式的流程

①××××××；

②××××××；

③××××××；

……

（10）火化结束，协助家属捡骨灰
①××××××；
②××××××；
③××××××；
……
3.入化纳灵仪式应急预案
××××××。

（7）以小组为单位，每小组根据选取的人物，撰写捡灰主持词。

【任务评价】

进行小组展示和总结，学生自我评价及工作成果展示。详见"任务评价工作手册"。

任务9-2　入化纳灵仪式准备

【任务描述】

作为殡葬司仪，承接入化纳灵仪式，根据策划方案做好个性化仪式的准备工作。

【任务要求】

以小组为单位，进行相关材料准备。

【相关知识】

一、入化纳灵仪式的准备工作

仪式准备是入化纳灵仪式的前期工作，主要安排、落实有关具体事项。

（一）安排亲友迎送车辆

入化纳灵仪式一般在殡仪馆的火化车间举行，参加人员原则上只有逝者的直系亲属，也可以有少量的亲朋好友参加。如果人数较多，家属应安排好迎送的车辆，并通知亲友上车的时间、地点，以方便亲友去殡仪馆。安排车辆的方式有如下三种。

① 委托殡仪馆或殡仪服务中心联系客车。这是殡仪馆或殡仪服务中心推出的便民服务，家属只需在业务洽谈时说明上下车的地点，殡仪馆或殡仪服务中心便可提供客车为丧家接送亲友。这种方法最省力、省心。

② 到出租车公司预订车辆。必须提前预订，车辆大多在丧家家门口出发，届时亲朋好友先到丧家家中集合，然后随车去殡仪馆。

③ 由逝者单位派车。逝者生前的同事要参加追悼会，一般由单位派车接送，出发地点是在单位。追悼会结束后，还应安排车辆送客人，如果准备了丧宴，还应安排车辆去饭店。

（二）入化纳灵仪式的布置

入化纳灵仪式一般布置较为简单，如果火化车间有独立的炉前空间，可以进行较为个性化的会场布置。布置应体现庄严、肃穆的气氛，并充满人情味。

告别厅的基础布置一般如下：独立火化间中间为灵柩，两侧靠墙摆放花圈。遗体脚下摆放长桌，桌中间摆放逝者的遗像，遗像选用黑边镜框，可用黑纱或鲜花装饰。独立火化间的四周可以用鲜花或绿植围起，使整场气氛不至于过于沉重。亲朋好友送的花圈和花篮以单支花或花束代替。

以上是独立火化间的基础布置要求，但随着个性化仪式的不断推广，布置人员可根据个性化入化纳灵仪式策划方案，进行个性化的布置。目前，个性化花艺设计已经在仪式会场布置中起到举足轻重的作用。

（三）礼仪人员的准备

举行入化纳灵仪式，一般要确定仪式司仪1人，司仪是整个仪式的主持者、引导者。司炉工1人，司炉工是控制火化设备的工作人员，听从司仪的指挥。同时也可以确定协助师2人，以帮助司仪顺利地完成仪式，例如帮助完成场地的布置、人员的引导安排、动作的示范等工作。专业的礼仪人员，都必须熟悉礼仪程序及各方面的专业知识。

（四）礼仪用品的准备

礼仪用品主要包括以下几方面。
① 火化间入口处放置于盒中的白色胸花、别针等。
② 场地的音响设备（放音机、话筒等）。
③ 为老弱病残设置的座椅坐垫等。
④ 捡灰时的夹子托盘等。
⑤ 其他个性化入化纳灵仪式会场布置所需用品。

（五）确定仪式司仪

在入化纳灵仪式上，司仪是串起整个仪式的主要人物。从仪式开始到结束的每一项程序都是由司仪来宣布进行的，因此确定司仪的人选很重要。选定的司仪应具有一定的专业、文化水平，见过大的场面，不紧张、不怯场，讲话得体，仪表端庄，常常由逝者生前的单位委派。丧家如无合适的人选，殡仪馆或殡仪服务中心可派专门的司仪主持入化纳灵仪式。

（六）与丧主和殡仪服务人员沟通

1.与丧主沟通入化纳灵礼仪程序、参加仪式人员及有关文书
① 沟通参加人员身份与人数及要求。
② 沟通答谢词或悼词的致辞人员。

③ 其他需要沟通的事项。

2. 与殡仪服务员沟通

① 与策划人员沟通个性化入化纳灵仪式的策划方案。

② 与殡葬司仪、协助师等沟通相互配合的事项。

二、入化纳灵仪式的相关殡葬文书撰写

（一）入化纳灵仪式主持词的撰写

入化纳灵仪式主持词一般格式如下：

（1）标题　第一行居中的位置上写"主持词"。

（2）称谓　另起一行顶格写致辞对方的姓名、头衔，既可以是广泛对象，也可以是具体对象。称呼后加"："以示引领全文。

（3）正文

① 宣布入化纳灵仪式现在开始。

② 要求来宾全体肃立。

③ 说明仪式的目的。

④ 说明逝者出生时间、去世时间、去世原因。

⑤ 逝者生平简介。

⑥ 家属或来宾致辞。

⑦ 集体三鞠躬。

⑧ 放置随葬品。

⑨ 遗体入炉。

⑩ 家属捡灰。

（4）结语　宣布仪式结束。

（二）悼词的撰写

1. 入化纳灵仪式悼词的注意事项

入化纳灵仪式悼词一般不宜过长，因为火化机就在家属眼前，需要防止家属情绪过于激动。一般的悼词撰写，应由所在单位的组织领导派专人负责，有些特殊人物的悼词，还要呈报有关上级批准，或者成立治丧委员会，进行专门研究。

在单位宣读完毕悼词后，逝者的家属还可以致以答谢性质的悼词。内容除了衷心感谢来参加追悼大会的各位亲戚朋友、同事师长以外，尤其更着重抒发对逝者的特殊感情，同时表示化悲痛为力量的决心。

2. 入化纳灵仪式悼词的基本结构

入化纳灵仪式悼词的基本结构同告别会（追悼会）的悼词基本结构。

3. 入化纳灵悼词示例

范例赏析

悼词

　　父亲走了，他没能等到9月3日纪念抗战胜利纪念日的那一天，而他离这一天仅仅差了56小时，实在令我们全家唏嘘不已。

　　2015年8月31日下午2点26分，我敬爱的父亲、共和国抗战新四军老兵在医院走完了他辉煌而坚强的88个春秋。

　　当一枚以中共中央、国务院、中央军委名义颁发的中国人民抗日战争胜利纪念勋章摆到父亲身边的时候，他已经无法看到了，去向他一生最崇敬的老首长报到了。

　　自去年6月发病住院以来，父亲一直在同病魔作最顽强的抗争，我们也期待父亲能够像以往一样重新焕发活力。然而，无情的病魔还是夺走了父亲原本已经很虚弱的身体，给我们留下了无尽的哀思。

　　父亲是对我一生影响最深的人，同样是我最敬仰的人。在我心中，父亲早已不是一般意义上的血脉关系，而是我前进道路上的指路人，更是我人生的一盏永不熄灭的灯塔。

　　出生在水乡洪泽湖畔的贫苦农民家庭，1944年，年仅16岁的父亲毅然参军，走上了抗日烽火的前线。父亲这一生历经坎坷和磨难，多次与死神擦肩而过，然而，父亲却以其顽强的生命力渡过一个又一个险关。

　　每当回想起父亲这一辈子的坎坷和磨难，总会让我感慨万千，我慨叹父亲极其顽强的生命力和无比坚强的意志力，更钦佩父亲伟大而坚韧的品德。我从父亲身上看到了一名为新中国建立功勋的老军人不一样的人生历程，看到了父亲一辈子不怕任何艰难险阻、勇于迎接挑战的勇士精神，更看到了父亲生命里绽放的那一朵朵无比绚烂的礼花，与日月同辉，永远激励着我们晚辈要像父亲那样，做一个绽放生命的人！

　　"去去逾千里，悠悠隔九天。"让我们最后一次祈祷：愿慈父一路走好！

（三）答谢词的撰写

　　逝者生前病重住院时得到过组织、单位同事、亲友等许多人的关心，去世后办理丧事时又得到许多人的帮助，对这一切，家属是十分感激的。为了表示谢意，家属可以在入化纳灵仪式上致答谢词。这一类型的悼词内容可以简单回顾逝者的病情、住院期间单位的照顾、亲友的关爱、家属及子女的心情等，并对所有关心过逝者的人和单位表示感谢。

1.基本格式

（1）标题　第一行居中的位置上写"答谢词"。

（2）称谓　另起一行顶格写致辞对方的姓名、头衔，既可以是广泛对象，也可以是具体对象。称呼后加"："以示引领全文。

（3）正文

①表达对大家来参加仪式的感谢。注意要特别感谢逝者生前工作过的单位。

②简述逝者生平，表达哀思。

（4）结语　再一次对到场来宾表达感谢之情。

2.答谢词示例

范例赏析

答谢词

家母不幸于2017年农历七月初一亥时，寿终正寝，与世长辞。

瞬时离别，情隔九天；慈颜难再，痛彻心扉；连日来，吾辈家人，无限哀思；终日食不甘味，夜难入寐；睹物思人，追忆往昔，历历在目。

古人云：天将降大任于斯人也，必先苦其心志，劳其筋骨，饿其体肤，空乏其身。

慈母十岁，痛失双亲；无依无靠，居无定所；受尽贫穷之苦，颠沛流离之痛。后随军成长，参加抗战；跟随白求恩，学习医学；转战前线，救死扶伤；身先士卒，视死如归；扫尽狼烟，乙丑既捷；家国维新，惕惕后人，维家崇孝，护国扬忠。

吾母慈面，神采奕奕；身兼美德，持家有方，谨言慎行，处事以宽。

如今，阴阳两隔，寻觅无津；黄沙百草，青冢藏身；悲风号月，寥落英魂；杜鹃啼血，百鸟惊闻。

谁不赞慈母大恩大德，谁不羡慈母兴旺门庭？树死能有返青日，人亡不能再复还，今日一别，再无相会。

吾辈叩谢，众位亲友；深情莅临，隆情吊唁；慈母在天之灵，倍感欣慰。感激之情，无以言表，唯有鞠躬致谢，聊表敬意。

【任务实施】

（1）根据任务9-1的分组，每组发放入化纳灵仪式准备的相关用品。

（2）以小组为单位，每小组进行仪式会场布置。

① 会场布置需有序进行，自上而下、由里到外。

② 会场布置需按时完成并由专人进行验收。

（3）以小组为单位，每小组进行入化纳灵仪式主持词、悼词、答谢词等殡葬文书的撰写。

范例赏析

入化纳灵仪式主持词示例：

音频示范

秋辞

尊敬的各位亲友：

郁达夫说，无论在什么地方的秋天，总是好的；可是啊，北国的秋，却特别地来得清、来得静、来得悲凉。是啊，今年的秋季尤其悲凉，因为您的离开，秋风变得萧瑟，秋叶变得枯黄，就连我们的悲伤，都变得无处可藏。

亲爱的张×老人，今天我们来送您远行，请您记得，入秋了，那边凉，别忘了加件衣裳。请您记得，我们相隔得并不是那么远，仰望天空，就能看到您慈爱的面庞。请您记得，无论走到哪里，您都永远在我们的心上！

您的闺女小时候怕黑，您就为她燃起一支蜡烛，告诉她，黑暗不可怕，只要朝着光明的地方走下去，就一定能够拥有光明！长大后，您为她再次燃起蜡烛，告诉她，生而为人，要做别人的蜡烛，散发自己的光和热，去温暖身边的每一个人。您可知道，您就如这黑暗中象征光明与温暖的蜡烛，温暖着您身边的每一个人，让我们在拥有您的每一天都如沐春光。今天，您的女儿为您燃起一支蜡烛，照亮您前行的路，也燃起希望之光！愿您的温暖与光芒永远护佑着子孙，坚毅勇敢，幸福前行！

老伴儿说，您是个特别懂得浪漫的人，记得银婚纪念日的时候，您竟然偷偷学会了折纸鹤，为老伴儿折了1000只纸鹤。老伴儿幸福得笑出了眼泪。还记得女儿婚礼上您的那份期盼吗？

梦寐以求，钟灵毓秀，

得此千金，吾乃幸之。

芳龄闺秀，聘得良人，

愿君惜之，携手良辰。

我们明白您的心意，闺女是您宠大的！现在把她交予良人，是让他接着宠她、爱她！

亲爱的张×老人，今天您的女儿、女婿和您最爱的小外孙女一起来看您了！大家为您叠了千纸鹤，里面有家人们深深的祝福。您的话，我们都记下了！愿这象征幸福的千纸鹤能够替我们陪伴着您，直到永远！

千言万语说不尽父爱之深，今生今世报不完养育之恩。就让我们以最古老的礼仪，表达对您最衷心的感谢！感谢您含辛茹苦将女儿抚养成人！感谢您给予我们人世间最宝贵的财富——亲情与道德！愿您在远行的旅程中一路平安，一路走好！

下面请孝女上前行跪拜礼：

一叩首，请起；

再叩首，请起；

三叩首；

礼成！

> 接下来请全体亲友目送亲人。
> 　　原以为人生很漫长，还有许多个明日等待我们蹉跎，而当您离开的时候，我们才发现，我们竟然一直在索取，却忘了付出回报！"树欲静而风不止，子欲养而亲不待"，这个世界上我们最爱的人就这样离开了，这个秋日，也将成为我们的回忆……再见了亲爱的张×老人，请您放心，我们一定会铭记您的教诲，不负您的嘱托，照顾好每一个您深爱的和深爱您的家人！
> 　　至此，仪式圆满礼成，请家属节哀。

【任务评价】

进行小组展示和总结，学生自我评价及工作成果展示。详见"任务评价工作手册"。

任务9-3　入化纳灵仪式的主持

【任务描述】

作为殡葬司仪，承接入化纳灵仪式，根据逝者情况和家属要求主持一场个性化入化纳灵仪式。

【任务要求】

以小组为单位，进行相关准备和模拟操作。

【相关知识】

入化纳灵仪式可参考以下基本流程。

> **第一项　敬灵恭拜**
>
> 殡葬司仪：请家人按长幼依次肃立，关闭手机。
> （走到指定位置，播放背景音乐大提琴独奏《殇》）
> 殡葬司仪：仪式正式开始，请灵——
> （操作控制台将火化炕面请出）
> 殡葬司仪：王××老人的至亲至爱，我们今天相聚在此，共同见证老人人生圆满的一刻。
> 殡葬司仪：人生是归一的，圆满的，是轮回。佛说：万物皆有轮回。春去春回，花开花谢，这是规律，我们无须伤春悲秋；你去我来，悲欢离合，这也是规律，我们不必悲欢失度。就让我们怀着对老人的敬重之心，恭拜老人在天之灵。
> 全体家属：一鞠躬，请起。再鞠躬，请起。三鞠躬，请起。
>
> **第二项　安灵归龛**
>
> 殡葬司仪：请家属站在捡灰台两侧，按照从头骨、脊骨到足骨的顺序依次捡拾亲人骨灰。

（向家属分发捡灰工具）

请开始。

请轻轻地拾起老人的额骨。这是您一生智慧的象征，××年的岁月，无论是疾病的折磨，还是生存的考验，世间百态，人生百味，您都用您的睿智，泰然走过。

请轻轻地拾起老人的脊骨。这是您一生伟岸的象征，您的脊骨铸成了世上最坚强的脊梁，铸成了儿女们最信任的脊梁，铸成了指引家人坚韧前行的脊梁。

请轻轻地拾起老人的足骨。这是您一生辛勤的象征，您一直在为家庭奔跑着，为社会奔跑着，不辞辛劳，不顾坎坷。

您的人生圆满归一，请您放心离去，您的亲人会牢记您的谆谆教诲，踏实走好人生路上的每一步。

请将老人遗骨放置在凉灰台上面。

（引导家属将骨灰放置到凉灰台）

第三项　接灵纳骨

殡葬司仪：下面我将整理老人遗骨，请家人肃立站好。

（整理骨灰盒的过程，致辞）

殡葬司仪：我至亲的人啊，您知道我们有多么不舍。我们愿意付出任何代价，将您留住。如果，这都挽留不住您离去的脚步，我们将扯一匹布铺在您的脚下，愿您越走越敞亮，走到东方既白，直到天堂。

感谢您的至尊至德，感谢您留下的爱与智慧。是您让我们有勇气去追求人生最华美的篇章。我们会像爱您一样爱我们身边的每一个人；像惦记您一样关怀我们身边的每一个人。您的恩情无法言表，您的微笑将编织起家人之间最坚韧的纽带。

请您一路走好！

请双手托底抱好，请。

（鞠躬，双手捧起灵盒，轻轻交到家属手中，并引导家属）

【任务实施】

（1）以小组为单位，每小组进行入化纳灵仪式模拟。

① 服务准备。

② 相关殡葬文书拟写。

③ 会场布置。

④ 仪式实施。

（2）以小组为单位，每小组进行入化纳灵仪式的总结。

【任务评价】

进行小组展示和总结，学生自我评价及工作成果展示。详见"任务评价工作手册"。

模块十 骨灰安葬仪式

课程思政资源

情景导入

某位知名作者母亲去世,在办理完殡仪馆的相关事宜后,准备将母亲安葬,希望墓园的礼仪人员为其策划一场符合逝者特点又节俭、凸显诚意的葬礼。

墓园礼仪策划人员小李与客户进行了先期沟通,设计了两套葬礼策划方案,拟定了不同的主题,提出了两种风格仪式流程,配上了相关图片,制作成葬礼策划书。之后,在面谈中,丧属对策划方案始终不够满意,无法推进仪式进程,小李非常着急,于是报告了经理。

经理迅速与丧属联系、沟通,询问丧属需求,发现小李在策划葬礼的过程中过分关注丧属——知名作者的成长史,而忽略了逝者的生平,所以策划方案迟迟不能令丧属满意。

经理经过与丧属沟通后,认真向小李说明了丧属的意见,重新制定了安葬方案,圆满地完成了安葬仪式,得到了家属的一致认可。

请思考:骨灰安葬仪式过程中,关注丧属需求有何重要性?真正的仪式感应该是什么?

知识目标

(1)掌握骨灰安葬仪式的用品和人员准备。
(2)掌握骨灰安葬仪式的程序。

能力目标

掌握个性化骨灰安葬仪式的策划与主持技能。

思政与职业素养目标

(1)通过策划、主持骨灰安葬仪式,体会生命归于自然的神奇,感受对生命的追思,以及生命的高贵与美丽。

(2)理解殡葬仪式的精神内核,以"生命道德教育、情感教育、和谐教育"的视角完成殡葬仪式策划。

> **核心概念**
>
> 骨灰安葬仪式

任务10-1　骨灰安葬仪式策划

【任务描述】

作为殡葬司仪，承接骨灰安葬仪式，根据逝者情况和家属要求策划一场个性化骨灰安葬仪式。

【任务要求】

以小组为单位，进行相关材料准备。

【相关知识】

一、传统殡葬文化的葬与现代的骨灰安葬仪式

（一）葬的含义

葬，原指掩埋遗体，后来引申为处理遗体的方式，如土葬、火葬、水葬等，不同地区、不同民族盛行不同的葬法。葬起源于原始社会，原始人对"弃尸"心中不忍，于是产生了掩盖遗体的想法，由此衍生葬的概念。《说文解字》把"葬"字解释为"藏也"，并分析其字从"死"，即把遗体放在草垫或用树枝捆扎而成的木床上，然后用草覆盖掩藏。这是最初的对于葬的理解。到西周时期，社会文明程度越来越高，葬的程序变得越来越烦琐，形成了"葬之以礼"的社会习俗。在漫长的社会发展中，由于对死亡的敬畏，简单的葬逐渐形成了具有各地特点的殡葬习俗。

（二）现代骨灰安葬仪式

1. 骨灰安葬仪式的含义

安葬仪式是礼仪人员将先人灵骨迎入告别厅，引导逝者亲属进行追思，后请到墓穴或骨灰格位妥善安置，并对先人进行祭拜和感恩的整套仪式服务。

传统殡葬是以遗体土葬为主的，因此报丧、净身、更衣、入殓、设灵堂、吊唁、守灵、辞灵、发丧、出殡、安葬等统称为葬礼。新中国成立后，我国于1956年推行火化，从而使传统的以遗体葬为特征的葬礼产生了巨大变革，形成了传统葬俗与现代文明相结合的新礼俗，殡礼与葬礼分开是其重要特征。前者在殡仪馆进行，后者在墓园中进行。

2. 骨灰安葬仪式的意义

古人创造了葬礼，又在朝代更替和历史文化演进中不断丰富其内容。葬礼的作用是多方面的，主要有以下几方面意义：第一，代表着对遗体处理的重视和科学性，既是"事之以礼"，又可以在一定程度上防范疾病的传播。第二，有效地表达亲情，通过葬礼可以让逝者亲属的悲痛心情得到宣泄，内心的巨大压力得到有效的释放。第三，是表达孝敬的重要礼俗，古代极为重视孝和敬的伦理规范，葬礼在一定程度上表现了生命的尊严和对生命的敬畏，是尊敬逝者、缅怀先人的重要仪式。第四，是人们祈福表达心愿的途径，人们都希望逝者能够脱离苦难，同时又希望先人保佑子孙，而葬礼便是一种有效的表达途径。第五，提高血脉亲情的凝聚力，通过葬礼，可以同化血脉亲情的价值观，增强家族凝聚力，促进家风传承。

3. 骨灰安葬仪式的策划要素

一场感人的、有意义的个性化葬礼或集体葬礼都需要进行精心的策划。好的葬礼策划，来源于对中国传统殡葬文化的挖掘和对现实生活的感悟。每一个葬礼策划师都应熟悉传统葬礼的基本知识和中国传统文化、现代殡葬发展理念、生命文化以及美学等常识，把握其内涵，掌握其精髓，了解其本质。

4. 骨灰安葬仪式的未来发展趋势

随着现代社会的不断进步，未来10~20年骨灰安葬仪式将呈现如下发展趋势：第一，个性化需求逐步增加。现代生活丰富多彩，人们的个性得到彰显，传统的、程式化的葬礼已不能满足人们治丧需求，人们更希望通过独特的方式表达对逝者的情感，因此个性化定制的安葬仪式将有所增加。第二，现代化科技融入仪式。声、光、电等多媒体科技将更多被运用到安葬仪式，使安葬仪式过程更能凸显逝者身份特点和成就，满足家属表达情感需求。第三，安葬仪式形式呈现多样化。目前骨灰安葬仪式的形式和流程相对比较单一，但在未来它的表现形式将更加多样化，如家庭追思会、书友会、个人成就展都将成为葬礼的元素。

二、骨灰安葬仪式基本程序

一般骨灰安葬的仪式程序包括祭拜仪式和安放仪式。

1. 祭拜仪式

① 迎灵；

② 追思；

③ 送灵。

2. 安放仪式

① 揭碑、擦碑；

② 净穴、暖穴；

③ 安葬、放随葬品、封穴；
④ 祭拜（献供品、献花、恭读祭文/追思词、鞠躬行礼）；
⑤ 骨灰安葬仪式结束，自由祭拜。

三、骨灰安葬仪式的策划

（一）骨灰安葬仪式策划的基本要求

1. 了解和把握客户的心理需求和背景信息

葬礼策划师应在策划仪式前与客户充分地沟通，了解其心理需求和逝者的背景信息。心理需求包括：还愿心理，希望通过举办隆重的葬礼来表达报恩之情；孝心理，主要是表达子女对父母或其他长辈的孝敬之情；面子心理，部分人在生活中非常看重面子，讲究排场，或存在摆阔心理，这些都是一种不理智的消费心理。了解逝者信息，主要是通过与客户谈话了解逝者的身份、职业、性格特点、个人喜好、生平事迹和成就等，以更好地策划仪式和拟写主持词，使仪式更有融入感。同时，还要了解客户的消费水平和价格区间，便于把控仪式成本。

2. 安葬时间选择也在策划范围之内

葬礼策划师在帮助客户策划葬礼时，也要考虑时间的选择。一般情况下分以下几种。

（1）热灰葬　遗体火化后3天或7天内落葬。这是各地比较流行的落葬日确定方法。"热灰葬"是基于"入土为安"观念的影响，认为"早入土，早为安"。

（2）七里葬　要求人去世后49天内落葬。选择"七里葬"也是受"早入土，早为安"观念驱使，也可以理解为"热灰葬"的一种形式。

（3）圆满葬　也叫"祭日葬"，表明逝者从生到死，画上圆满句号，实现生命回归。"祭日葬"不适合非正常死亡的高龄老人，选择"祭日葬"可以把逝者骨灰寄存在墓园，直至周年祭日再行落葬之礼。

（4）黄历葬　黄历上显示的"黄道吉日"和"宜安葬日"。

（5）节日葬　我国二十四节气或传统节庆日中已经形成祭祀风俗的，都可以作为落葬的吉日。主要包括上元节、中元节、下元节、清明节、冬至节、大寒节。

3. 骨灰安葬仪式主题鲜明，围绕主题进行

跟告别仪式等殡葬仪式一样，在策划骨灰安葬仪式时，要根据逝者和客户的实际情况确定一个主题。同时，仪式流程、会场布置、装饰风格等均要紧紧地围绕主题开展。

4. 适当使用现代科技手段

个性化葬礼的成功，在一定程度上有赖于现代科技手段的运用，如LED技术、动漫技术、音响技术等，"人生微电影"就是最常使用的服务项目。策划师要灵活运用这些科技手段在更深层次上开展葬礼服务，凸显人文纪念、文化传承、生命教育、孝道弘扬等仪式功

能，给逝者最后的精彩，给丧属以更多的心灵慰藉。

  5. 策划要具有良好的可执行性

  策划要做到具有良好的执行性，详细的流程安排也是必不可少的。活动的时间和方式必须考虑执行地点和参与人员的具体情况，思考应该尽量周全。另外，还应该考虑外部环境（如天气、民俗）的影响，还要有较为周密的应急预案。

（二）骨灰安葬仪式策划的基本程序

  ① 与家属沟通，充分了解逝者基本情况和家属要求；
  ② 确定骨灰安葬仪式主题；
  ③ 确定骨灰安葬仪式风格；
  ④ 确定骨灰安葬仪式基本流程。

（三）骨灰安葬仪式策划书

  骨灰安葬仪式策划书是策划文案的成果。葬礼的安排要有详细的计划，应该设计详细的步骤，重要的事情安排要具体到分钟甚至秒。制定详细的策划书有利于提高工作效率，明确目标和主题，防止文案残缺，有助于分工负责和提高服务质量。一个规范的葬礼策划文案应达到如下要求：内容完整，表达新颖，格式规范，图文并茂，装帧精致。

【任务实施】

  （1）根据授课班级情况，分好小组，每组发放大白纸、水彩笔等工具。
  （2）以小组为单位，每小组从教师准备的人物背景材料中，选取一个作为本项目的人物背景。
  （3）以小组为单位，每小组根据选取的人物，为本场骨灰安葬仪式拟定主题，选取主题背景音乐。
  （4）以小组为单位，每小组根据选取的人物，为本场骨灰安葬仪式绘制会场布置图。
  （5）以小组为单位，每小组根据选取的人物，撰写主题骨灰安葬仪式策划书。

范例赏析

骨灰安葬仪式策划书示例：

×××安葬仪式策划书

  ××××年××月××日××时总负责人组织有关人员召开了×××骨灰安葬仪式工作会议，商议具体安葬仪式安排事宜，确定安葬仪式的日程安排、人员分工和活动内容如下。

  1. 人员分工
  （1）总负责　×××负责安葬仪式的总体指挥、指导并检查各项具体工作。

（2）总协调　×××负责安葬仪式等现场的协调、布置、接待、联络、沟通等工作。

（3）主持（司仪）　×××负责主持祭拜和安放仪式。

（4）追思词　×××（逝者家属）负责宣读追思词。

（5）行程负责　×××负责车辆指挥和逝者家属的接送与来宾接送工作。

（6）用品负责　×××负责鲜花及其他殡葬用品的购买、租赁和管理。

（7）餐饮负责　×××负责协助做好安葬仪式后安排酒店等工作，负责桌位的摆设，客人的入席分布及接待工作。

（8）摄影摄像　×××负责整个安葬仪式的摄影和录像工作。

安葬仪式前二天确定工作人员，并在前一日通知工作人员确认时间并做好安葬仪式的安排工作。

2.日程和活动安排

（1）××××年××月××日××时用品负责人将鲜花等运至祭拜厅，按要求布置好祭拜厅。

（2）××××年××月××日××时摄影师到达灵盒存放地，并与殡仪服务对象进行联系和沟通，沟通的当天拍摄有关场面。

（3）××××年××月××日××时将灵盒运至墓园大门。

（4）××××年××月××日××时迎接灵盒至祭拜厅。

（5）××××年××月××日××时，逝者×××先生（女士）祭拜仪式正式开始（×××主持、×××追思词等）。

（6）祭拜仪式在××墓园××祭拜厅举行。

（7）送行灵盒至墓穴。

（8）灵盒安放仪式（净穴、暖穴、入穴、封穴、拭碑、致敬等）。

（9）参加安葬仪式的人员名单

①逝者配偶（父母）：×××。

②儿子：×××、×××。

③女儿：×××、×××。

④其他亲属：×××、×××、×××、×××。

⑤生前好友：×××、×××、×××、×××、×××、×××。

（10）安葬仪式的会场布置和准备情况

①××××××。

②××××××。

③××××××。

……

（11）安葬仪式的流程

①××××××。

②××××××。

③××××××。
……

（12）安葬仪式结束，协助家属善后相关事宜

①××××××。
②××××××。
③××××××。
……

3.安葬仪式应急预案

××××××。

【任务评价】

进行小组展示和总结，学生自我评价及工作成果展示。详见"任务评价工作手册"。

任务10-2　骨灰安葬仪式准备

【任务描述】

作为殡葬司仪，承接骨灰安葬仪式，根据策划方案做好个性化骨灰安葬仪式的准备工作。

【任务要求】

以小组为单位，进行相关材料准备。

【相关知识】

 一、骨灰安葬仪式的准备工作

仪式准备是骨灰安葬仪式的前期工作，这一段时间的准备十分重要，可预留出充分的时间进行准备、落实。

（一）提前一周进行设计制作

仪式中如涉及人生电影、PPT以及展板、背景板的设计和制作都应提前准备设计，并及时与家属沟通，确定样式进行制作。

（二）确定仪式当天人员分工

成立仪式策划服务小组，确定小组工作人员，明确成员分工和各工作时间节点，同时明确家属方主要负责人。

（三）物资准备和细节确定

提前按前期洽谈要求准备好各项仪式物资，确定设备运转正常；确定物品完好且数量充足；确定最终参加葬礼人数、随葬品样式等细节。

（四）祭拜厅布置

祭拜厅大多安排在墓园礼厅。举行仪式的礼厅应该经过专业人员的精心布置，布置应体现庄严、肃穆的气氛，并充满人情味。

祭拜厅的基础布置一般如下：礼厅正前方墙壁用电子显示屏播放逝者生平照片或祭拜音乐。显示屏下方摆放长桌，桌内侧摆放逝者的遗像，中间安放逝者灵盒。厅四周放座椅，可供亲属休息或行动不方便的人坐。同时，厅四周配装饰物。

以上是祭拜厅的基础布置要求，但随着个性化仪式的不断推广，礼厅布置人员可根据个性化仪式策划方案，进行个性化的礼厅布置。

（五）安放场地布置

灵骨安放仪式一般在逝者预订的墓穴前进行。墓穴前一般配大太阳伞、仪式台等，也可根据个性化要求进行个性化布置。

（六）礼仪人员的准备

举行安葬仪式，一般要确定仪式司仪1人，司仪是整个仪式的主持者、引导者。同时也可以确定协助师1人，以帮助司仪顺利地完成仪式，例如帮助完成场地的布置、人员的引导安排、动作的示范等工作。专业的礼仪人员，都必须熟悉礼仪程序及各方面的专业知识。

（七）礼仪用品的准备

礼仪用品主要包括以下几方面。
① 礼厅入口处放置鲜花等。
② 场地的音响设备（放音机、投影仪、光碟、话筒等）。
③ 为老弱病残设置的座椅坐垫等。
④ 其他个性化告别仪式会场布置所需用品。

（八）与丧属及相关服务人员沟通

1. 与丧属沟通骨灰安葬仪式程序、参加仪式人员及有关文书

① 沟通参加人员身份与人数及要求。

② 沟通诵读追思词的人员。

③ 其他需要沟通的事项。

2.与服务人员沟通

① 与策划人员沟通个性化安葬仪式的策划方案。

② 与司仪、协助师等沟通相互配合的事项。

二、安葬仪式的相关殡葬文书撰写

（一）追思词的撰写

追思词是在骨灰安放祭拜仪式中由亲人或朋友等宣读的一种文书，它没有明文的格式，主要是体现对逝者的怀念之情。追思词一般由亲属来写，由亲属宣读。

1.追思词的一般特征

文章一般叙述逝者的生平业绩和优秀品质，尤其突出其在某一方面的杰出贡献或动人事迹，及对自己的勉励、影响等。文章依撰写者的身份采用不同的叙写形式，一般以抒情为主，也可以叙事、议论相结合。

2.追思词的注意事项

追思词一般不涉及缺点，宣读人不受身份限制。基本结构也比较自由，可以以点带面、重点突出，亦可统而概之、全面描写。

3.追思词示例

我是曹××中学时代的同学陈××，今天我们聚集在这里，追思曹××，有太多的话语想要述说，太多的往事想要追忆。

1978年9月，我们和曹××共同跨进了十四中的校门，青春年少的我们，成为了同学。在青砖黑瓦红地板的教室里，有我们苦读的身影；尘土飞扬的操场上，洒下过我们的汗水；放学路上的追打，充满我们的欢笑。

同学们都知道曹××爱旅游、爱大海、爱家人、爱同学。每次旅游回来，在同学碰头的时候，曹××都要给我们讲旅途趣闻，讲大海的故事。这时的他，没有了中学物理老师的严肃，生动的言语中，充满了对生活的热爱、对家人的关心、对大海的深深眷恋。

2018年9月，同学们得知曹××生病的消息，不约而同地去看他、安慰他。可曹××却总是用微笑的表情，平静的语气，和每一个看他的同学讲他和病魔斗争的故事，讲他以后的打算。

2019年的春天，曹××走进省人民医院隔离舱病房准备做骨髓移植手术的那一天，我们在场的同学，都默默地祈求上苍给他带来好运。同学们每隔几天，都要打个电话给他，给他加油，给他祝福！

　　2019年的11月14日，我们在《××日报》上读到曹××女儿的文章，当我们读到"岁月真是一个神偷，将回忆中最美好的部分偷去，只有当我惊醒时，我才明白当时只是寻常的事，其实饱含着太多我看不见的深意"时，我们才真正认识到：42年的岁月，我们这个世界发生了很多改变，42年的时间，可以使我们认识岁月的沧桑，但唯一不变的是我们的同学之情，仿佛中学时代发生的点点滴滴，都回响在我们的耳边。

　　2020年3月28日，当我们得知曹××真的走了，还是难以相信，只能默默地压抑着内心的苦楚。尽管我知道整个过程的来龙去脉，尽管无法接受这个结果，但我们唯一能做的，就是默默祝福曹××在天国一切都好！

　　人间有爱，病魔无情。曹××在与疾病的斗争中，耗尽了最后的精力，离我们而去了，但他那积极乐观的生活态度，豁达宽厚的仁爱之心，亲切而熟知的微笑，将永远留在我们的心里。我们都会为曾经拥有幽默、豁达、开朗的曹××同学而骄傲，为失去曹××而感到深深地惋惜。

　　春雨杏花满清明，追思犹怨水烟轻。曹××，请一路走好。愿你在天国一切都好！

（二）祭拜仪式主持词的撰写

1. 祭拜仪式上主持词的撰写基本格式

祭拜仪式主持词一般格式如下：

（1）标题　第一行居中的位置上写"主持词"。

（2）称谓　另起一行顶格写致辞对方的姓名、头衔，既可以是广泛对象，也可以是具体对象。称呼后加"："以示引领全文。

（3）正文

① 宣布祭拜仪式现在开始。

② 要求来宾全体肃立，默哀，默哀毕。

③ 说明仪式的目的。

④ 介绍逝者生平。

⑤ 点香擦盒。

⑥ 家属致追思词。

⑦ 集体三鞠躬。

（4）结语　宣布仪式结束。

2.祭拜仪式主持词拟写注意事项

祭拜仪式主持词的拟写注意一定要围绕人物进行生命总结和凝练。

（三）安放仪式主持词的撰写

1. 安放仪式上主持词的撰写基本格式

安放仪式主持词一般格式如下：

（1）标题　第一行居中的位置上写"主持词"。

（2）称谓　另起一行顶格写致辞对方的姓名、头衔，既可以是广泛对象，也可以是具体对象。称呼后加"："以示引领全文。

（3）正文

① 宣布安放仪式现在开始。

② 要求来宾全体肃立。

③ 说明仪式的目的。

④ 请灵盒。

⑤ 净穴。

⑥ 暖穴。

⑦ 安放镇物。

⑧ 安放骨灰。

⑨ 封穴。

⑩ 拭碑。

⑪ 鞠躬告别。

⑫ 献花离场。

2. 安放仪式主持词拟写注意事项

安放仪式主持词的拟写需注意仪式流程的明晰和连贯性。

【任务实施】

（1）根据任务10-1的分组，每组发放祭拜仪式和安放仪式准备的相关用品。

（2）以小组为单位，每小组进行祭拜仪式会场布置。

（3）以小组为单位，每小组进行祭拜仪式、安放仪式主持词等殡葬文书的撰写。

范例赏析

祭拜仪式主持词

大家请安静！

大家好，我先自我介绍一下，我是礼仪师，这位是礼仪协助师。今天就由我们两位主持指导×××先生的骨灰追思暨安葬仪式。在整个仪式的过程中，为了保证整个仪式庄重、顺利地进行，请各位亲属及来宾保持安静，同时也请大家将手机调至震动。感谢大家的配合。（停几秒，

音频示范

让家属调整，电视屏幕上的画面在开场前已到位，音乐起。）

现在，我宣布×××先生的骨灰追思暨安葬仪式正式开始，让我们一同重温曾经与他在一起的点点滴滴。

首先请肃立默哀！默哀毕！

尊敬的各位亲友，今天是2019年××月××日，我们共同相聚在××公墓，为×××先生举行骨灰追思暨安葬仪式。这一刻，让我们宁静我们的心怀，记取那些平凡而又深刻的记忆片段来缅怀今天故事的主人公×××先生。他是我们的至亲，他是我们的挚爱，他更是我们的挚友，他的一生是我们最美好的回忆，现在让我们一起进入这温暖的回忆。

在大家眼中，×××先生永远都是一个热爱生活、积极向上、真诚友善的人。

在家庭中，他更是以自己的实际行动关爱着每一位家庭成员。作为父亲，他对孩子的培养，注入了他全部的心思，而他豁达仁爱的人生品质，更是为女儿树立了人生奋斗的榜样……

逝者已然，送别的心是悲痛的，但面对这样一位如此关爱别人的他而言，相信一定不希望看到大家为他悲伤；我们的坚强，幸福快乐的生活才是对他最好的慰藉。今天我们大家相聚在这个云淡风轻的花园里，静静地为他送行，希望他在这座如画般的人文纪念公园里，洗尽铅华，入土安歇。

这一刻，就让我们共同来祈愿，爱会永恒，彼岸有再生又再生的不灭之缘。

（以上文字针对不同的人物对象，根据生平特点做不同的文字阐述。）

×××先生，无论天上人间，我们将永远思念您。在此，让我们深深一鞠躬表达我们最诚挚的敬意……

下面有请家属为×××先生上香！

为×××先生拭盒！

尽管×××已经离开了这个世界，但是他在我们生命中留下的丝丝缕缕，就犹如熏香熏染而出的青丝，让我们彼此连接彼此相通。那么现在，请一位至亲家属代表上前（取一枚倒流香，帮助家属点燃，放到香台上），让我们将思念幻化成一缕缕的青丝，围绕我们的亲人，飞翔在彼岸，温暖而明澈。

伴随着缕缕青烟，此时我们思绪万千，×××的离开，我们家人经历了失去亲人的痛心，经历了夜不能眠的焦虑，也经历了生活中再也没有他的不习惯。而在经历了失去他的这段时间里，想必我们家人或许在生活学习的方方面面都有不同的改变和全新的感悟，那么借由今天，我们至亲家人不妨放下心里的包袱和不安的心情，一起来聊聊大家的内心变化，说说最近发生的事情，现在就有请×××的爱人致辞。

感谢大家的真挚发言。我们追思环节暂告一个段落。

下面我们为×××先生灵骨打点行装，安放入盒。

在临行前，让我们的至亲家人再一次为×××先生打点行装，为他的入土为安，做上周全的准备。请至亲上前。请将亲人灵盒请入保护盒，铺金布，安放灵盒。

此时此刻，让我们衷心祝愿××先生天国安好，请全体家属及来宾面向亲人灵盒肃立站好，向亲人灵骨三鞠躬！

一鞠躬！

再鞠躬！

三鞠躬！

灵骨告别仪式到此结束！让我们一同护送×××先生前往至他的新居。请其余家属两两站位，缓步跟上我们的送行队伍。

安放仪式主持词

×××先生骨灰安放仪式即将开始，请出席家属全体肃立，保持安静！

落叶归根，融入自然。人生百岁，终归乐土。尊敬的各位来宾及×××先生的全体家属，由我和协助师继续主持×××先生的骨灰安放仪式。今天我们怀着无比沉痛的心情，聚集在××陵园，举行此次安放仪式，以寄托我们对×××先生的深切缅怀及无尽的思念。

吉时到，下面我宣布×××先生骨灰安放仪式正式开始。

仪式进行第一项：请灵盒，请孝子将灵盒置于礼仪台上。

仪式进行第二项：请孝子净穴，让亲人住得干干净净。

仪式进行第三项：暖穴仪式。请协助师纸钱驱魂，木炭暖穴（协助师用石灰撒在墓穴里，再用木炭暖穴），熊熊烈火，照亮前行之路，火光之炎，驱走寒冷，亡魂安享乐土。

仪式第四项：安放七星钱，呈七星北斗状，以表达老人家早日通往极乐世界。

仪式第五项：请孝子安放×××先生灵骨。孝子安放灵骨入新居！请其他家属位于碑前与孝子一同撒土祭拜。

一撒，安享极乐了无愁！

二撒，子孙满堂富贵有！

三撒，家属朋友记心头！

孝子请起。仪式进行第六项：封穴。（工作人员进行封穴。）

下面请家属皆跪，请孝子行一跪三叩首大礼。

一叩首、二叩首、三叩首。请起。

仪式进行第七项：孝子拭碑。为先人新居掸去灰尘，先人生活光明正大。

安灵毕，请奠酒。礼毕！

请全体孝眷亲属及来宾行三鞠躬之礼，礼毕！请依次为×××先生献花，告别。

【任务评价】

进行小组展示和总结，学生自我评价及工作成果展示。详见"任务评价工作手册"。

任务10-3　骨灰安葬仪式主持

【任务描述】

作为殡葬司仪，承接骨灰安葬仪式，根据逝者情况和家属要求主持一场个性化骨灰安葬仪式。

【任务要求】

以小组为单位，进行相关准备和模拟操作。

【相关知识】

一、骨灰安葬仪式的分类

① 按照逝世原因分：壮烈牺牲者骨灰安葬礼；寿终正寝者骨灰安葬礼；不幸遇难者骨灰安葬礼。

② 按逝者年龄分：婴儿骨灰安葬礼；青少年骨灰安葬礼；中年骨灰安葬礼；老年骨灰安葬礼。

③ 按逝者性别分：男士骨灰安葬礼；女士骨灰安葬礼。

④ 按家庭身份分：父亲安葬礼；母亲安葬礼；丈夫安葬礼；妻子安葬礼；孩子安葬礼。

二、骨灰安葬仪式前席位的安排

司仪在骨灰安葬仪式开始前应该组织家属和来宾合理站位或者落座。骨灰安葬仪式上应根据参加者的不同身份安排不同的席位。亲属站在会场的前排，其余人站在后排。民间长子为丧主，即以他的名义办丧事，长子长媳站最前排，后面是次子次媳，再后是女儿女婿等。司仪站在前排的左侧，这样可以面对亲属，也可以面对其他与会者。司仪、致辞人在讲话时应站在礼厅的前方，要面对与会者，并有一定距离，礼厅人多可使用话筒，让后面的人也能听清楚。乐队站在会场的右侧。这种席位的安排使死者处于"尊位"，体现了中国殡葬文化中"死者为大"的原则。

三、骨灰安葬仪式上的突发情况及应对

（一）不同类型突发情况的应对

1.情绪失控型

在骨灰安葬仪式上，送别逝者的丧属情绪普遍比较低落，有部分丧属在经历了殡礼、守

灵等环节后，身体情况也不容乐观。

葬礼进行过程中，应随时关注丧属的情绪及状态，遇有情绪失控造成葬礼流程受阻时，应及时安排工作人员及丧属中的主负责人安排安抚、劝解；当丧属因连日操劳及情绪不佳造成身体不适时，应及时安排丧属就座或稍事休息，一旦出现晕倒等极端情况，要有应急手段及方案。

2. 服务缺失型

骨灰安葬仪式的安排要细致谨慎、避免遗漏。在现实工作中一旦发生服务遗漏、缺失的情况，要第一时间安抚家属情绪，立即启动弥补措施。

另外，安葬仪式前工作人员关闭手机或将手机调至静音是必须要关注的细节，避免影响安葬程序。

3. 家庭纠纷型

有些家庭在参加骨灰安葬仪式时，家庭成员间或有利益、情感之类的纠纷没有彻底解决，在骨灰安葬仪式中造成流程停滞。此时，礼仪人员调解时要以"逝者为大、顺利安葬"为目标，不要掺杂进具体的纠纷中，应着眼于"和"，努力引导家属完成骨灰安葬仪式流程。

4. 沟通不畅型

一般来说，在骨灰安葬仪式开始前，礼仪人员会充分与丧属代表沟通仪式流程及细节，但有时丧属代表并不能充分和家庭成员沟通，造成仪式现场家庭成员间意见不一致，影响进程。

为避免此类情况的发生，在前期沟通时，礼仪人员应恰当地提醒丧属代表与家庭成员间沟通细节，事前达成一致。如若现场发生意见不统一的情况，礼仪人员也不要惊慌，将仪式流程对丧属耐心解释，也会得到丧属的理解。

（二）突发情况的处置原则

1. 沉着冷静

沉着冷静是司仪人员必备的素质。葬礼上发生突发状况是难以避免的，良好的心理素质及专业素质是处理此类问题的基础。一旦遇有问题，切莫惊慌，保持镇定，不要手忙脚乱，才能保证仪式流程的顺利进行。

2. 真诚待人

在处理葬礼上的矛盾时，重中之重就是真诚，这种真诚的态度具体体现在对丧属的事情将心比心，以丧属的实际需求出发。如果欺骗丧属以期过关，或是不能从丧属的角度出发去解决问题，只会将事情推向难以化解的状况。

3. 及时处理

遇有突发状况，不要拖拉，应及时解决，避免矛盾升级。骨灰安葬仪式不同于其他仪式，为了使逝者顺利安葬，遇有突发状况，处理应果断迅速，越快越好。如果因为突发状况处理不及时影响到安葬进程，令逝者不能顺利入土，是对逝者的不尊重，也会对丧属心理产生强烈的刺激，因此突发问题的迅速处理非常重要。

4.满足需求

处理突发状况，要尽量满足丧属的正当需求。很多时候，突发矛盾的出现很大程度上是因为丧属的一些需求没有得到满足。比如在安葬仪式时，家属要求将逝者生前喜欢的水果放入墓穴，就需要跟家属耐心解释"因为水果容易腐烂，建议放在墓外作贡品"。

【任务实施】

（1）以小组为单位，每小组进行骨灰安葬仪式模拟。

① 准时开始，按时完礼。

② 程序按序进行，完整。

③ 驾驭气氛。

A.中哀始礼（哀乐与默哀）。

B.深哀至极（致悼词）。

C.引致中哀（答谢词）。

D.小哀礼成（遗体骨灰安葬、问候丧主）。

（2）以小组为单位，每小组进行骨灰安葬仪式的总结。

在召开骨灰安葬仪式时要注意以下几点：

① 布置骨灰安葬仪式会场时要本着个性化设计、节约原则；

② 参加骨灰安葬仪式的人员要怀着沉痛的心情；

③ 安葬仪式的流程事先要与丧属初步沟通；

④ 祭文要先写好，并确认好恭读人；

⑤ 注意严密的操作性，在组织和主持骨灰安葬仪式的过程中，成功的机会只有一次，一旦出现失误就无法弥补了。

【任务评价】

进行小组展示和总结，学生自我评价及工作成果展示。详见"任务评价工作手册"。

模块十一 公祭仪式

课程思政资源

💡 情景导入

9月30日是国家设立的烈士纪念日，某殡仪服务中心受当地政府委托，在市烈士陵园组织安排市领导和省委代表、烈士亲属代表、老红军、老战士、学生以及全市各行业代表进行公祭仪式，以缅怀为国牺牲的革命烈士。届时，市电视台将全程进行实况转播。

在前期沟通准备过程中得知，烈士亲属希望能够进行烧纸祭奠，战友希望进行敬酒仪式，学生希望举行献唱活动，各行业代表希望进行献花和谒碑活动……

为了确保当天的公祭仪式活动圆满顺畅，殡仪服务中心工作人员和各与会代表充分沟通，在满足各方代表活动需求的前提下，重新设计公祭仪式流程，使得当天的活动得以顺利举行。

请思考：公祭仪式过程中，前期沟通和后续环节设置的重要性有哪些？

💡 知识目标

掌握公祭仪式相关程序。

💡 能力目标

掌握公祭仪式策划、文书撰写、现场布置、人员调配、仪式主持的能力。

💡 思政与职业素养目标

（1）通过公祭仪式褒扬烈士精神，教化来人，传承壮举。
（2）培养敬业精神、劳动精神、职业认同感，守护逝者尊严、启迪生者灵性。
（3）提升殡葬司仪的职业认同感和社会责任感。

💡 核心概念

公祭仪式

任务11-1　公祭仪式的策划

【任务描述】

作为殡葬司仪，承接公祭仪式，根据逝者情况和相关要求策划一场个性化告别仪式。

【任务要求】

以小组为单位，进行相关材料准备。

【相关知识】

 一、传统公祭仪式与现代公祭仪式

（一）传统公祭仪式

传统的公祭主要指在世时对国家、社会有特殊贡献的人去世后，机关、团体、企业组织等单位，在指定场所，依排定的先后顺序，集中进行祭拜的仪式。

传统公祭仪式的一般程序：

① 公祭仪式开始；

② 简述逝者生平事迹；

③ 宣读祭文；

④ 与会人员上前祭奠；

⑤ 家属答谢；

⑥ 自行祭奠；

⑦ 礼成。

（二）现代公祭仪式

现代的公祭仪式和遗体告别仪式不同，多指政府或公共团体为向英灵、逝者表示致敬、缅怀、哀悼所举行的祭奠，是为纪念曾经发生过的重大民族灾难或重要任务而设立的纪念活动。

现代公祭仪式的一般程序：

① 宣布肃静、控场；

② 公祭仪式开始，奏乐；

③ 默哀；

④ 献唱；

⑤ 献花；

⑥ 祭文宣读人净手；

⑦ 致辞或宣读祭文；
⑧ 谒碑或瞻仰遗容；
⑨ 仪式结束。

二、公祭仪式的策划

在策划公祭仪式过程中，除了借鉴告别仪式策划的要点以外，还要做到主次兼顾，方案既要满足仪式主办方的需求，还要站在逝者家属立场进行统筹考虑。

公祭仪式策划书至少要包括举办仪式的主题、时间、地点、参与人员、分工、现场布置图、背景音乐、设备设施、应急预案等内容。

公祭仪式策划书示例：

范例赏析

公祭×××活动总体策划方案

（一）活动安排

1.××××年清明公祭×××典礼

主办：×××单位；

承办：×××单位；

协办：×××单位；

实践：××××年××月××日××时；

地点：××××广场。

参加人员：

① 相关单位负责人；

② 各界人士代表约××人；

③ 媒体记者。

2.系列活动

（1）公祭×××新闻发布会　××月，召开公祭×××典礼发布会。

（2）"传承中华文明"主题活动　清明前后，由×××单位邀请重点媒体组织实施。

（3）鲜花分送活动　祭奠当日11：30在典礼祭台两侧，依照民俗分送公祭典礼上敬献的鲜花。由×××单位负责实施。

（二）宣传报道工作

宣传报道工作由×××单位负责实施。

1.宣传报道工作要以公祭活动为契机，重点突出"绿色、环保、平安、和谐"的祭奠主题，传承中华文脉。

2.×××单位、×××单位和×××单位等主要媒体，要根据活动的总体安排，精心策划宣传报道方案。

（三）组织与实施

1.×××单位负责制定公祭典礼实施方案，并协调各成员单位做好系列活动的各项工作。

2.×××单位负责安全保卫和交通疏导工作。

3.×××单位负责公祭典礼现场志愿者服务。

4.×××单位和×××单位负责后勤保障及相关服务接待工作。

附件：

（1）公祭大典仪程；

（2）公祭大典现场布置图；

（3）公祭大典现场分工。

【任务实施】

（1）根据授课班级情况，分好小组，每组发放必要材料和工具。

（2）以小组为单位，每小组从教师准备的人物背景材料中，选取一个作为本项目的人物背景。

（3）以小组为单位，根据选取的人物和公祭仪式要求，撰写策划书。

① 详细了解背景人物的相关信息；

② 与客户充分沟通，明确具体需求；

③ 按照仪式流程、现场布置、相关文书的分类依次进行撰写，整合形成完整的策划书。

【任务评价】

进行小组展示和总结，学生自我评价及工作成果展示。详见"任务评价工作手册"。

任务11-2　公祭仪式准备

【任务描述】

作为殡葬司仪，承接公祭仪式，根据各方要求和拟定的策划方案做好公祭仪式的准备工作。

【任务要求】

以小组为单位，进行相关材料准备。

【相关知识】

一、公祭仪式的准备工作

仪式准备是公祭仪式的前期工作，主要安排、落实有关具体事项。

（一）公祭场所布置

公祭仪式一般参与人员较多，故祭奠场所通常在室外或大型室内厅堂举办。公祭仪式场所布置除像告别仪式一样体现庄严、肃穆的气氛外，还要和公祭的主题相贴近。

一般公祭仪式现场可分为内场、外场，内场又分为祭奠区、主祭席、来宾席等。公祭仪式现场布置一般包含突出主题的背景、指示的标识、动线的路引、灯光音响、祭奠台、桌椅等。公祭仪式现场布置的原则是：①点明主题，突出重点；②色彩搭配，和谐自然；③动线合理，进退自如。

（二）物品的准备

除现场布置用品以外，所有在仪式中用到的旗帜、捧花、香烛、蔬果和花瓶、果盘、酒杯等均属于用品范畴。一般有以下几类：

（1）辅助类　花瓶、灯台、托盘等。

（2）敬献类　灯、花、香、果等。

（3）礼文类　祭文、追忆文、歌曲、舞蹈等。

（三）人员沟通协调

公祭仪式一般要确定仪式司仪1~2名，辅助司仪的襄仪2~4名，现场工作人员若干。整场仪式所有工作人员要统一行动，听从指挥，严格按照策划方案进行服务。在服务前，还要和主祭人、家属代表等进行充分沟通，确保整场仪式圆满顺畅。

（四）现场应急方案

根据策划方案，制定公祭仪式现场应急方案，主要包含以下几点：

（1）天气变化　根据仪式当天天气状况，合理安排仪式流程，调整现场布置。

（2）人员变动　包含参与人数增减、主要来宾调整等。

（3）流程调整　包含仪式内容增减、流程顺序调整、时间变化等。

（4）突发事件　包含参与者身体状况、现场布置情况、现场设备设施情况等变化。

二、公祭仪式的相关殡葬文书撰写

（一）祭文的撰写

祭文是哀悼逝者的文辞，以真挚的感情与质朴的风格写作。

祭文由古时祝文演变而来，讲究节奏和平仄（韵律）；在用词方面，讲究用典和辞藻。古时的祭文高度发挥了汉语的技巧，对仗、谐韵、用典……有很高的艺术感染力。

祭文是读给人听的，特别是读给逝者的家属听，所以内容要以表彰逝者功德和表达挽留怀念为主，并要通俗易懂。

祭文的内容一般比较简短，语言精练，通常以简明扼要之词表达悲哀思念之情。一般祭文以二三百字为宜，特殊公祭文可根据实际情况略作调整。过去的祭文以韵文为主，现在可以是韵文也可以是白话文。

祭文格式：

（1）标题 "祭文"或"祭某某文"。

（2）正文 表明祭奠时间和祭奠者身份，简述逝者生平和事迹，表达哀痛缅怀之情。

（3）结语 通常以继承遗志、表达决心等语句作为结束语。

（二）公祭仪式主持词的撰写

1. 公祭仪式主持词的撰写基本格式

（1）标题 第一行居中的位置上写"主持词"。

（2）称谓 另起一行顶格写致辞对方的姓名、头衔，既可以是广泛对象，也可以是具体对象。称呼后加"："以示引领全文。

（3）正文

① 宣布全场肃静。

② 宣布公祭仪式现在开始。

③ 要求来宾全体肃立，默哀，默哀毕。

④ 说明仪式的目的。

⑤ 说明逝者出生时间、去世时间、去世原因。

⑥ 净手、敬献仪式、礼毕。

⑦ 净手、宣读祭文。

⑧ 集体行礼。

⑨ 上前献花。

⑩ 谒碑或瞻仰遗容、自由祭奠。

（4）结语 宣布仪式结束。对来宾表示感谢。

2. 公祭仪式主持词注意事项

公祭仪式主持词应注意紧紧围绕主题，同时体现出对逝者的尊重。

【任务实施】

1. 根据任务11-1的分组，每组发放公祭仪式准备的相关用品。

2. 以小组为单位，每小组进行公祭仪式会场布置。示例见图11-1。

① 详细了解客户要求，按照客户需求规划现场布置。

② 划分功能区域（主题区、祭奠区、悼念区等）。

③ 根据不同功能区域分别进行会场布置工作。

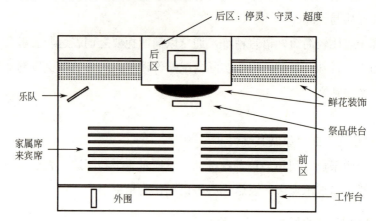

(a) 公祭仪式会场布置示例图1

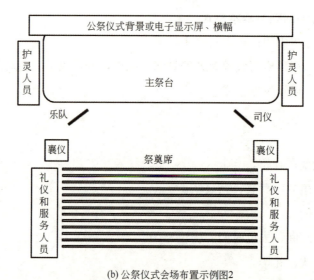

(b) 公祭仪式会场布置示例图2

图11-1　公祭仪式会场布置图示例

3. 以小组为单位，每小组进行公祭仪式主持词、祭文等殡葬文书的撰写。

范例赏析

公祭仪式主持词示例：

烈士纪念日活动主持词

老师们、同学们：

　　为了弘扬烈士精神，缅怀烈士功绩，培养公民的爱国主义、集体主义精神和社会主义道德风尚，培育和践行社会主义核心价值观，增强中华民族的凝聚力，激发实现中华民族伟大复兴中国梦的强大精神力量,2014年8月31日,十二届全国人大常委会第十次会议经表决,通过了关于设立烈士纪念日的决定,以法律形式将国庆节的前一天,即9月30日设立为"烈士纪念日"。

今天我们镇初级中学全体师生,满怀崇敬的心情,在烈士纪念日当天,来到×××烈士墓前,隆重纪念为我们今天的幸福生活而英勇献身的革命烈士,寄托我们的哀思。

现在我宣布"烈士纪念日,祭扫革命烈士墓"活动现在开始。

第一项,请学生代表向革命烈士敬献花圈。

第二项,让我们向长眠在此的烈士致敬,默哀,默哀毕。

第三项,请镇中学×××老师向我们介绍×××烈士的革命事迹。

第四项,请学生代表×××宣读"学先烈,做文明学生"倡议书。

第五项,请镇中学校长×××讲话。

烈士业绩照千秋,星星火炬指向前,千言万语表决心,革命遗志我继承。老师们、同学们,革命先烈用鲜血和生命铸就的伟大精神,是爱国主义的精髓和灵魂。各班级回去后要根据今天的活动及学习实际拓宽教育渠道,丰富教育内容。让我们全体师生都牢记烈士的丰功伟绩,继承烈士遗志,树立远大理想,为了祖国更加强盛、家乡更加繁荣而奋发努力,以自身的实际行动来告慰烈士的英灵。

今天的祭扫活动到此结束。下面请全体师生瞻仰烈士陵墓,之后各位老师带领同学们安全返回学校。

祭文示例:

祭烈士文

缅先烈之灵冢,托今世之哀思。

长眠于×××烈士陵园的15位革命烈士,有转战南北的抗日英雄,有抗美援朝的志愿军战士,也有抗洪抢险的解放军士兵,更有早期参加革命的知名人士,他们为了民族的解放、国家的独立和人民的幸福,抛头颅、洒热血,谱写了一篇篇悲壮激越的历史篇章。今天是我国的法定烈士纪念日,我们怀着悲痛而沉重的心情来此,缅怀为了民族的独立和人民的解放而英勇牺牲的烈士,寄托我们的哀思,告慰他们的在天之灵。

桃花红雨英雄血,碧海丹霞志士心。今日神州看奋起,陵园千古慰忠魂!

革命先烈们,你们为人民的利益而死,你们的死重于泰山,你们与青山同在,你们与大地永存。你们永远是我们心中的一块丰碑。是你们用生命换来了中国繁荣的今天,是你们的鲜血染红了遍地的桃花。你们的英名将与日月同辉,与江河共存!我们敬慕你们,无私奉献的英雄!正是因为有了你们这些无数的革命先烈,有了你们的崇高,有了你们的无私,才有了今天的和平环境,才有了祖国的繁荣昌盛。我们怎能忘记这一段段可歌可泣的悲壮史诗?我们怎能忘记那一张张曾经鲜活的面容?让我们静静地追思,深深地缅怀,把最深情的思念和最崇高的敬意寄托在这苍郁的松柏中,让它陪伴在先烈的左右。

今天,我们生活在幸福的新社会,生活在繁荣、民主、富强的新中国。我们是幸运的一代,

> 我们是幸福的一代。我们要珍惜这来之不易的幸福生活，继承革命先烈的遗志，努力工作。昨天永远属于过去，今天就在脚下，让我们永远铭记英雄先烈，发扬无私奉献精神，为祖国为人民贡献自己的所有力量，把祖国建设得更加美丽、富强，让我们的社会变得更加美好，让中华民族傲然挺立于世界民族之林。
>
> 革命烈士，祖国的英雄，永垂不朽！

【任务评价】

进行小组展示和总结，学生自我评价及工作成果展示。详见"任务评价工作手册"。

任务11-3　公祭仪式的主持

【任务描述】

作为殡葬司仪，承接公祭仪式，根据逝者情况和主办方要求主持一场公祭仪式。

【任务要求】

以小组为单位，进行相关准备和模拟操作。

【相关知识】

 一、葬礼主持技巧

司仪必须先对悼词、生平或祭文等有深刻的理解和体会才能弄清轻重音的位置，才能使纸上的文字变得更生动、更富有感染力。葬礼主持过程中主持人对于语音、语速的把控要注意以下要点。

（一）胸腹式呼吸

这种呼吸方法可以有效调整说话时的气流，使发出来的音更坚实有力，音质优美，而且传送得较远。如果按照平时生活中正常呼吸方式（胸式呼吸法），在主持较大场合或较长流程葬礼时容易出现呼吸急促，甚至上气不接下气的现象。

（二）音节正确

在主持时要将每一个字的字音读准确，熟悉每个音节声母、韵母、声调，按照它们的标准音来表述。在仪式过程中要结合现场实际，根据逝者的生平结合家属情感娓娓道来，要让每一位仪式参与者听清楚。

（三）语速调节

在主持过程中述说逝者生前故事和主要事迹时，语速宜放缓，要让在场的每个人都能够细细品味逝者的一生。主持人描述逝者的话语，听在家属耳中，往往会引发其对逝者的思念之情，将逝者的音容笑貌印刻在脑海，因此语速不宜过快。如果是表达对逝者怀念、挽留或不舍的语句，则应该结合具体内容稍微调整语速，把强烈的感情表达出来。

（四）适当停顿

在宣读生平中，有些句子较短，主持人按照书面标点停顿就可以。遇到结构比较复杂的长句，虽没有标点符号，但为了表达清楚意思，中途也应该作短暂的停顿。这就要求主持人在仪式前要仔细阅读生平或祭文，找准停顿位置。通常的停顿方式主要有标点符号停顿、语法停顿和感情停顿等。

二、动作和表情

动作和表情是人物思想的反映，受思想支配，不能单纯地为了动作而动作，为表情而表情。动作和表情都要为葬礼流程或悼词、祭文的内容服务。在主持过程中，司仪的眼神要主动和家属以及来宾进行交流，让他们感受到尊重与关注。面部表情虽不能像其他仪式司仪一样面带微笑，但应始终保持朴实自然。

动作是指形体，表情是指面部，二者互相关联，不可分割。动作和表情的要求是："起点"要稳，"过程"要润，"终点"要准。在主持过程中，司仪的动作和步位要结合仪式实际需要进行，特别是在殡葬仪式过程中，司仪的动作应当尽量减少，除必要的行礼指引手势以外，不宜有其他大幅的动作，避免削弱家属和来宾对逝者及其生平的关注

动作和表情的要点：精神集中、情绪饱满、风度翩翩，有"精、气、神"。

【任务实施】

（1）以小组为单位，每小组进行公祭仪式模拟。

① 服务准备

A. 人员符合仪式需求，满足流程需要；

B. 人员精神面貌良好、服装得体；

C. 人员明确了解服务背景和仪式流程；

D. 和客户做好充分沟通，明确了解客户需求。

② 相关殡葬文书拟写

A. 准备好撰写文书所需要的相关物品（笔墨纸砚、电脑、打印机等）；

B. 模拟人物背景的参考资料准备齐全；

C. 根据客户要求、参考相关背景资料撰写殡葬文书（主持词、祭文、挽联等）；

D. 请客户确认撰写好的殡葬文书。

③ 会场布置

A. 准备好会场布置所需的相关物品（献花、布幔、灯光、音响等）；

B. 明确了解客户的布置需求；

C. 按照由里到外、从上到下、由点及面的顺序依次布置会场；

D. 请客户对布置好的会场进行确认。

④ 公祭仪式实施

A. 组织清场后依次引领家属和来宾站位；

B. 按照约定时间准时举行公祭仪式；

C. 按照客户确认的流程主持仪式；

D. 仪式结束后征求客户意见，为客户适当预留独自祭奠的时间和空间；

E. 协助客户整理会场，将相关用品、用具复位。

（2）以小组为单位，每小组进行公祭仪式的总结。

① 从人员角度对仪式进行总结；

② 从流程角度对仪式进行总结；

③ 从客户反馈角度对仪式进行总结。

【任务评价】

进行小组展示和总结，学生自我评价及工作成果展示。详见"任务评价工作手册"。

模块十二 清明主题纪念活动

课程思政资源

情景导入

清明是传统祭奠节日,每年清明,人们总是采用各种各样的方式来追思祭奠亲人,以表缅怀和敬意。

今年清明节,因工期紧张,某市A建筑集团的工人们无法休假回乡祭祖。为了满足大家的祭祀需求,建筑集团特意委托XX殡仪馆以"身在远方,心系故乡"为主题,在告别厅举行清明集体公祭仪式。安排工人分成三批,进行祭奠活动。

请思考:举行清明主题纪念活动的必要性有哪些?清明祭奠活动中要注意哪些问题?

知识目标

(1)掌握清明主题纪念活动相关程序。
(2)掌握清明主题纪念活动中文书撰写、现场布置、人员调配、仪式主持的能力。

能力目标

掌握个性化清明主题纪念活动的策划与主持技能。

思政与职业素养目标

(1)传递善生善终理念,传播生态文明观念,实现移风易俗改革,弘扬传统文化精神。
(2)提升殡葬司仪的职业认同感和社会责任感。
(3)通过仪式传承优良家风家训,促进社会风尚健康发展。

核心概念

清明主题纪念活动

任务12-1 清明主题纪念活动策划

【任务描述】

作为殡葬司仪,承接清明主题纪念活动,根据主办方需求策划清明主题纪念活动。

【任务要求】

以小组为单位，进行相关材料准备。

【相关知识】

举办清明主题纪念活动，旨在使公众参与大型活动，激发思想观念的改变或进步。以大型活动的方式进行殡葬政策宣传，新理念和新观念的推广，同时还可以推介全新的殡葬礼仪服务。当人们逐步用鲜花、丝带、音乐取代烧纸、鞭炮等传统形式，清明主题纪念活动的举办在社会进步和文明发展中显得尤为重要。引导公众采用更环保、更方便、更文明的方式祭祀亲人，是举办清明主题纪念活动的主要目的。

举办清明主题纪念活动主要遵循以下原则。

1. 以人为本的原则

清明主题纪念活动旨在宣传新的殡葬文化和理念，其受众的目标是社会各界人士，是具有不同文化和信仰的人，所以在活动中要坚持以人为本的原则，深入挖掘人们真实的需求、感受和情感，才能产生良好的社会效果。

2. 凸显文化的原则

文化内涵和价值是清明主题纪念活动的核心内容。要针对具体活动内容进行分析和包装，寻找传统文化支撑和全新文化内涵，让公众直接感受到活动的文化意义，凸显文化价值，达到活动的预期目标。

3. 文明环保的原则

殡葬文化的底蕴深厚，凝聚着特殊的文化意义和价值。"事死如事生，事亡如事存"的理念，使得公众在殡葬活动中存在着烧纸点蜡、燃放鞭炮等不环保现象。特别是焚烧纸钱，给祭奠场所周边环境带来了很大影响。举办清明主题纪念活动，就是要推广绿色环保、文明节俭的祭奠理念，以新的祭奠仪式逐步取代旧俗。

清明主题纪念活动如果没有好的创意就难免沉闷乏味，落入俗套，很难与参与者进行互动交流，活动的效果也会大打折扣。这就要求殡葬从业者要认真地做好社会背景调查和研究，充分了解所在地的民风和民俗；寻找潜在的文化价值内涵，配以丰富多彩的互动活动和全新的展现形式，创造出令参与方满意的效果。

范例赏析

清明主题纪念活动策划示例：

花坛葬区揭幕暨集体安葬共祭仪式——活动说明

中华民族历史悠久，文化源远流长。"清明节气"在夏商时期的历书中便有所记载。"清明祭祀"更是在唐代便被"编入礼典，永为例程"，至今已有一千多年的历史。清明时节，人们以各种方式来祭祀逝去的亲人，以表达思念之情，这已成为清明传统文化的重要组成部分。

某某陵园以十九大讲话精神为指引，为落实民政部等9部门《关于推行节地生态安葬的指导意见》的要求，利用有限资源，因地制宜，在园区明显位置开辟设立了"节地生态花坛葬区"。××××年清明节期间，将为首批安葬于花坛葬区的逝者（优抚对象、特困对象、有特殊贡献的人士共计20位）举行安葬暨共祭仪式。旨在节省每一寸土地，还大地一片绿荫，让贫困人群逝有所归。同时引导各位祭奠家属依礼祭祀，有序祭奠，培植人们"爱，思，敬，诚"的行为品德，弘扬殡葬文化"慎终追远，民德归厚"的核心价值。通过电台、报社等新闻媒体宣传此次活动，鼓励和引导社会各界人士转变殡葬理念，实现安葬方式从依赖资源消耗向追求绿色生态可持续发展方向转型，使节地生态安葬方式成为今后安放形式的主流。

花坛葬区揭幕暨集体安葬共祭仪式——活动方案

一、活动时间

暂定××××年××月××日上午10：00。

二、活动地点

某某陵园节地生态花坛葬区。

三、活动内容

（1）节地生态花坛葬园区纪念碑揭幕仪式。

（2）节地生态葬园区集体安葬暨共祭仪式。

四、逝者来源和安放数量

面向某某市区征集有意愿采取生态葬方式安葬亲人的家属，并提供符合活动要求的相关手续。首批计划征集安葬20份灵骨，其中某某县4份、市区16份。（民政部门在报纸上刊登征集公告。）

安葬活动当天每份灵骨可由5位家属陪同，乘坐由某某陵园提供的灵骨接运车，其余家属自行安排车辆前往活动地点。

五、服务费用

免费提供花坛葬式墓穴、可降解骨灰容器和祭奠鲜花、哀乐。

六、活动嘉宾

邀请某某市和某某县民政局各级主管领导、市县宣传部负责同志、XX殡葬协会领导、XXXX文化学院领导、新闻媒体和保护环境推动生态殡葬的志愿者等社会各界人士出席本次活动。

花坛葬区揭幕暨集体安葬共祭仪式——执行案

一、仪式流程

（一）节地生态花坛葬园区揭幕仪式流程

（1）由市县领导讲话。

（2）某某陵园领导发言。

（3）家属代表讲话。

（4）花坛葬纪念碑揭幕。

（二）安葬暨集体共祭仪式流程

（1）家属就位。

（2）礼仪人员就位。

（3）嘉宾就位。

（4）宣布全场肃静。

（5）仪式开始：宣布开始，奏乐。

（6）恭请灵骨：礼仪人员将逝者灵骨安放于祭奠台。

（7）行三献礼：佳酿、蔬果、粢盛。行三拜礼。

（8）主祭者净手。

（9）诵读祭文：由主祭者恭读祭文。

（10）主祭者行礼。

（11）集体行礼：行三鞠躬礼。

（12）安放灵骨：礼仪人员引导家属安放逝者灵骨并覆土掩埋。

（13）葬毕，家属行礼。

（14）引导众祭者献花。

（15）自由祭奠（悬挂祈福卡，墓前祭奠）。

二、仪式准备

（一）日期时间

（1）日期：××××年××月××日（暂定）。

（2）时间：上午10：00。

（二）举办场地

（1）仪式场地：某某陵园节地生态花坛葬区。

（2）祭祀台：于花坛葬区适当位置搭建平台，三面设台阶，后衬喷绘背景，台前设立献花台。

（3）祭奠席：祭祀台前，划分出礼仪人员、家属和嘉宾站立（或座椅）席位。

（三）殡葬文书

（详见仪式文案示例附件1和附件2。）

（1）主持词：司仪用。

（2）祝文（祭文）：主祭用。

（四）动作流程

（详见仪式文案示例附件3。）

（1）襄仪：献祭、合十、拜、行礼、礼成、唱礼。

（2）引礼：领位、合十、拜、行礼、礼成、唱礼。

（五）所需用品

（1）供桌香案：适合祭祀台面积的长短条案各1套，供桌1张。

（2）祭器：五供1套，供盘3件。

（3）祭品：鲜花、蔬果、粢盛（五谷）、佳酿（美酒）。

（4）祈福卡：单卡、封套、丝带。

（5）祈福树：以桃花元素搭建高矮枝，用于悬挂祈福卡。

（6）可降解骨灰容器：盛殓逝者骨灰用于安葬。

（7）车辆：接送逝者灵骨。

（8）背景和标识牌：祭祀台背景和指引路牌。

（9）其他物品：遮阳伞、白手套、鲜花束、鲜花花瓣、黄丝带、祈愿卡等。

（六）人员

（1）礼仪人员：司仪2名，襄仪4名，引礼22名。

（2）其他人员：秩序维护4名，物品发放4名。

（七）服装

（1）礼仪人员：深色中式礼服或仪式服（白手套备用）。

（2）其他人员：深色西服。

三、附件：仪式文案示例

在实际的工作中，有关仪式流程、祭文、动作流程的内容需要以目视文稿等形式完成，而其他内容在执行中已无作用，故以附件形式列出，以便现场使用。具体文案示例如下。

附件一：花坛葬区揭幕暨集体安葬共祭仪式流程示例

一、人员入场

二、揭幕仪式

（1）领导致辞。

（2）家属发言。

（3）揭幕。

三、共祭仪式

（1）家属就位。

（2）礼仪人员就位。

（3）嘉宾就位。

（4）宣布全场肃静。

（5）仪式开始：宣布开始，奏乐。

（6）恭请灵骨：礼仪人员将逝者灵骨安放于祭奠台。

（7）行三献礼：佳酿、蔬果、粢盛。行三拜礼。

（8）主祭者净手。

（9）诵读祭文：由主祭者恭读祭文。

（10）主祭者行礼。

（11）集体行礼：行三鞠躬礼。

（12）安放灵骨：礼仪人员引导家属安放逝者灵骨并覆土掩埋。

（13）葬毕，家属行礼。

（14）引导众祭者献花。

（15）自由祭奠（悬挂祈福卡，墓前祭奠）。

（16）仪式礼成：宣布礼成。

四、仪式礼成

附件二：花坛葬区揭幕暨集体安葬共祭仪式祭文示例

维公元XXXX年，岁次XX，节序清明，某某陵园谨以清酌、蔬果、黍稷、奠文之仪，致祭于众安息逝者之英灵曰：

肃肃吉田，巍巍灵峰。群山拱卫，背靠双龙。

清流蜿蜒，膏泽流盈。山环水复，六合安容。

丹楹刻桷，雕梁画栋。苍松翠柏，卉木滋荣。

飞龙潜壤，灵凤擢形。英烈安眠，浩气长青。

国富民安，海晏河清。礼仪有容，颂扬谨呈。

行绿色人文科技环保之理念，集天地人和谐共存于大成。

仰众灵之福佑，襄今日之成功。

敦淳教化，和睦人伦，秉承使命，万业俱兴。

祭祀大成，伏惟尚飨。

附件三：花坛葬区揭幕暨集体安葬共祭仪式动作流程示例

一、襄仪

献祭：双手恭请祭器（祭品），自右侧缓步至祭祀台正中，将祭器（祭品）放置于供桌上，缓步至祭祀台左侧离场。

合十：面向来宾，双目示意，做双手合十动作。

拜：面向来宾，双目示意，做双手下压动作。

行礼：面向来宾，双目示意，做单手下压动作。

礼成：面向来宾，双目示意，做双手上抬动作。

唱礼：面向来宾，字正腔圆唱礼。

二、引礼

领位：恭请灵骨于祭奠台安放。

合十：侧向祭祀台，引领来宾做双手合十动作。

拜：侧向祭祀台，引领来宾行拜礼。

行礼：侧向祭祀台，引领来宾行鞠躬礼。

礼成：侧向祭祀台，引领来宾肃立。

唱礼：面向来宾，字正腔圆唱礼。

【任务实施】

（1）根据授课班级情况，分好小组，每组发放材料和工具。

（2）以小组为单位，每小组从教师准备的事件和材料中，选取一个作为本项目的背景。

（3）以小组为单位，每小组根据选取的事件和场景（表12-1），设计主题，制定策划。

表12-1 清明主题祭奠活动事件和场景

人员背景与数量	活动场景	活动内容	特殊要求
学生200人	学校	清明主题日	入团宣誓
武警官兵100人	公墓	怀念战友	逝者家属参与
各界人士800人	某会议礼堂	节地生态葬后祭奠	集体共祭
骨灰寄存者3000人	殡仪馆	清明祭奠	分组祭奠
地震死难者家属和社会各界人士10000人	灾难现场（地震陈列馆）	集体共祭	公祭仪式

【任务评价】

进行小组展示和总结，学生自我评价及工作成果展示。详见"任务评价工作手册"。

任务12-2　清明主题纪念活动准备

【任务描述】

作为殡葬司仪，承接清明主题纪念活动，根据策划方案做好清明主题纪念活动的准备工作。

【任务要求】

以小组为单位，进行相关材料准备。

【相关知识】

一、清明主题纪念活动布置

清明主题纪念活动大多在室外广场或大型室内厅堂举办，可根据不同需求将现场布置成不同区域，如悼念区、留言区、集中祭奠区等。其宣传资料示例见图12-1。多采用背景喷绘、视频显示、舞台分区等形式展现。

图12-1　清明宣传资料示例

二、清明主题纪念活动相关殡葬文书撰写

在清明主题纪念活动中，主要应用的殡葬文书有文明祭扫倡议书、追思文、祭文、主持词、挽联等。相关殡葬文书的撰写注意贴合活动主题。

【任务实施】

（1）根据任务12-1的分组，每组发放清明主题纪念活动准备的相关用品。

（2）以小组为单位，每小组进行清明主题纪念活动会场布置。示例见图12-2。

① 充分了解相关主题要求，明确主要内容；

② 根据现场人员和流程对会场进行布置；

③ 在布置现场的过程中，充分考虑天气、规模等因素所带来的影响，设立应急区域。

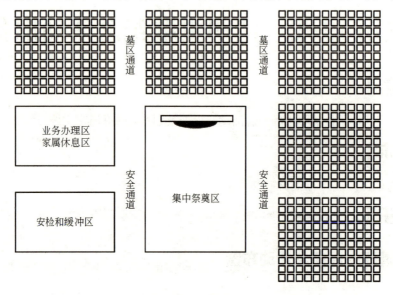

图12-2　清明主题纪念活动布置图示例

（3）以小组为单位，每小组进行清明主题纪念活动主持词、祭文、倡议书、答谢词等殡葬文书的撰写。

范例赏析

示例1：清明节文明祭祀倡议书

广大市民朋友：

　　一年一度的清明节即将到来，在这慎终追远、缅怀故人、寄托哀思的时节，为推进殡葬改革，树立文明新风，确保清明祭扫安全有序，倡议如下：

　　（1）倡导殡葬改革新风　全市广大党员、领导干部、共青团员要以身作则，率先垂范，做文

明殡葬的先行者。带头树立殡葬新风，文明治丧，简办丧事，不借丧葬之机大操大办、铺张浪费、互相攀比，用实际行动影响和带动身边群众，推进党风政风建设，树立党和政府良好形象。

（2）倡导科学文明祭祀　全市广大市民要自觉摒弃封建传统的祭奠方式，做文明祭扫的传播者。提倡鲜花祭奠、网上祭奠、公祭悼念、家庭追思等现代式祭扫活动，用更加健康文明的方式表达对逝者的哀悼之情。倡导以"献一束花、敬一杯酒、植一棵树、清扫一次墓碑"等方式寄托哀思。

（3）倡导安全环保祭祀　全市广大干部群众应科学合理安排祭祀时间，错时错峰出行，做安全祭扫的倡导者。自觉做到不在山头、林地、墓地烧纸焚香；不在交通要道两侧、景区及水源地等处建坟立碑和焚烧冥纸。在殡仪馆、公墓祭扫时要听从民政、交管、城管等部门安排，在指定区域、指定地点文明祭祀，保证祭扫活动安全、顺畅、有序进行。

（4）倡导厚养薄葬美德　发扬"尊老、敬老、爱老、孝老"的传统美德，做孝亲敬老的实践者。提倡为逝去的老人选择树葬、花葬、草坪葬、壁葬、海葬、骨灰寄存等生态葬法，不乱埋乱葬，不修大墓、豪华坟，节约土地资源，保护生态环境，共同营造整洁优美的城乡环境。

文明祭扫，贵在心意；平安清明，从我做起。让我们积极行动起来，从现在做起，从自身做起，从点滴做起，用文明缅怀、关爱他人的实际行动推进移风易俗，表达对先人的怀念之情，为全面构建文明和谐清明做出积极贡献！

某某市政府

示例2：追思祭祖文

时光荏苒，怀着对您的无限思念与眷恋，我们相聚在这里，共同追忆和您在一起的那些美好往日。您走以后，时间渐渐冲淡了许多东西，而您的音容笑貌，却从未淡出我们的记忆。很多次午夜梦回时，半梦半醒中竟觉得您就在我们身边，用亲切而又慈爱的目光注视着我们，一切悲痛仿若不曾发生。

依稀记得，噩耗传来我们是那么震惊，以至哀伤如潮水般淹没了整个夏天。即使时至今日，每每思及于此，锥心之痛仍是那么清新如昨。我们还有那么多事没有做，还有那么多话没有说，我们还想依偎在您膝下，还想吃您做的那从小吃到大、世上独一无二的家常风味……

小时候我们总以为人是不会老去的，有您的家是我们永恒不变的温馨港湾；长大后觉得那是属于未来的事，我们有太多抱负要实现，太多朋友要交，太多场合要去应酬。所以，当噩耗传来时，我们会那么震惊，接着，便是无尽的悔恨。

您一生历尽苦难，勤勉操持，和睦邻里，艰苦创业，为儿女操劳一生。我们还没来得及报答您的恩情，您就撒手而去！

当您经过一生忙碌、奔波，应该静心安享晚年的时候，我们却整天忙于工作，对您的关心、敬爱、体谅的程度不够，没有像您照顾我们时那么周到细致。当您离开时，才知道让您吃好、穿好、住好，在家闲养不是孝敬。我们现在想起来真是无比的痛心——我们没能在您在世的时候多一些时间来陪伴您。

哀思哽住呼吸，悲痛袭来时，忍不住想对着天空问一声，您好吗？希望您在天堂能够安息。每年今天，我们都会来这里陪陪您，就像您在世时的每个生辰我们都会欢聚您身旁一样。

愿您安息！

示例3：清明祭文

维公元某年某月某日，后生晚辈致祭于列祖列宗之灵前曰：

逝者已矣，生者永悼，音容虽远，难忘亲恩。挚友亲朋，报本情殷。谨具牲礼，粢盛毕陈。遵循圣典，献祭恭伸。祈灵有知，鉴此微忱。斯人已逝，馀庆如云。音容宛在，德范长存。

呜呼哀哉，伏惟，尚飨！

公元某年某月某日

通译：

时值公元某年某月某日，逝者的晚辈亲眷将祭品摆放在列祖列宗灵位前，并对您说：

亲人啊，我们想念您，您已然去世很多年，但我们永远怀念您。您的音容笑貌虽然已经远去，但您对我们的恩情永远难忘。您的后辈子孙，怀着殷切的报恩之情，非常郑重地准备了三牲祭品，并将谷物盛在祭器内，遵照圣贤的经典，恭恭敬敬地来祭奠您。希望您能够感知到我们这微薄的心意。您虽然已经故去，但却为我们留下了宝贵的精神和物质财富。您的音容笑貌和品德风范我们将永远铭记在心。

我们怀着激动的心情，哭嚎啜泣，叩首行礼，希望您能够享受到我们给您供奉的祭品，感知到我们的情谊。

公元某年某月某日

【任务评价】

进行小组展示和总结，学生自我评价及工作成果展示。详见"任务评价工作手册"。

任务12-3　清明主题纪念活动的主持

【任务描述】

作为殡葬司仪，承接清明主题纪念活动，根据不同场景和事件主持仪式活动。

【任务要求】

以小组为单位，进行相关准备和模拟操作。

模块十二 清明主题纪念活动

【相关知识】

清明主题纪念活动是宣传、传播殡葬新思想、新理念的重要媒介。团队整体能力的发挥，决定了服务水平的高低和活动的成败。在活动执行过程中，团队间要相互配合，互相信任，围绕同一目标并肩作战，合理分工，各司其职。

范例赏析

清明主题纪念活动主持词示例：

清明又至，思绪难平，谨遵圣典，祭奠亲人。每逢此时，总会回想起很多与您的过往，那些隐藏在生活细微之处的关怀、那些不起眼的呵护、那些记忆深刻的挚爱与付出，历历在目。

亲人啊，感谢您给予那么多的关爱，那么多的亲情，那么多的美好，那么多的记忆，激励着我们怀有一颗感恩之心去生活。让我们在平凡中看见不同，在困苦中挺直脊梁，在失败时激发勇气，在懈怠时感知责任，用一颗感恩的心去回报健在的亲人，用一颗孝敬之心去善待健在的至亲。

我们知道，不是所有的追思都要伴随着悲伤，也不是所有的追思都要用泪水来作注解。追思是为了铭记，是为了照亮后人前行的路程。也许您希望我们在这样一个春光明媚的清明时节里，在追思您的过程中，找寻到生命的方向和坚韧的力量，从中追寻到生活的意义和人生的价值。

就像今天，依稀中，我们仿佛又一次看到了您那熟悉的脸庞和炽热的目光。曾记得，大手牵小手，娓娓道出的皆为人生至理；两双脚印，引导走过的是时而顺畅时而曲折的人生之路；昂然仰望的目光，开拓的是不断宏展的人生疆界。事无巨细，都曾聆听受教于您的谆谆教诲。还记得一粥一饭，都有生活的温暖，亲人的关爱，浸润其间。想念，无法罢却。家人每每相聚，话题不由自主便如蛾逐光，您是我们心中的一缕永不熄灭的光。光暗了，我们寻索方向。最敬爱的亲人啊，真的好想再和您一起聊一聊家常，再吃上一顿您做的饭菜，再陪伴着您一起漫步在这和煦的春风里，再给您揉揉肩、捶捶腿……

亲人啊，您放心吧，我们一定会敦亲睦族，言传身教，让家风得以延传；我们也一定会朝乾夕惕，与时偕行，使事业欣欣向荣；我们更一定会厚德崇仁，扶弱济困，为社会贡献力量。

花瓣缤纷，乐声启转，夜夜思慕的您，我们的长者，欣然若生，温馨又再。

愿您安息！

音频示范

【任务实施】

（1）以小组为单位，每小组进行清明主题纪念活动模拟。

① 服务准备：

A. 服务人员符合仪式需求，满足流程需要；

B. 服务人员精神面貌良好、服装得体；

C. 服务人员明确了解服务背景和仪式流程；

D. 同客户做好充分沟通，明确了解客户需求。

② 相关殡葬文书拟写：

A. 准备好撰写文书所需要的相关物品（笔墨纸砚、电脑、打印机等）；

B. 模拟人物或事件背景参考资料准备齐全；

C. 根据客户要求，参考相关背景资料撰写殡葬文书（主持词、祭文、挽联等）；

D. 请客户确认撰写好的殡葬文书。

范例赏析

清明主题纪念活动主持词示例：

一、主持词

1. 开篇（暖场）

提示音：尊敬的各位领导、各位亲友，"某某陵园节地生态花坛葬园区揭幕暨集体安葬共祭仪式"即将开始，请您按照工作人员指引，领取祭奠用品，排队入场。（循环播放）

2. 揭幕仪式

司仪：尊敬的各位领导、各位亲友，大家上午好。殡葬改革是破千年旧俗、树一代新风的社会改革，葬式葬法的变革是其关键点。1956年，老一辈无产阶级革命家签名倡导身后实行火葬。这是我国历史上一次空前的倡导社会习俗改革的签名活动，不仅体现了老一辈无产阶级革命家的高风亮节和博大胸怀，而且指明了我国殡葬改革的方向。

今天，某某陵园更是以十九大精神为指引，落实民政部等9部门《关于推行节地生态安葬的指导意见》的要求，在园区开辟设立了"节地生态花坛葬区"。

下面我宣布，"某某陵园节地生态花坛葬园区揭幕仪式"现在开始。

司仪：请×××领导致辞。

司仪：请××陵园×××领导讲话。

司仪：请家属代表发言。

司仪：请各位领导为"花坛葬纪念碑"揭幕。

司仪：感谢各位领导、各位同仁的参与，接下来"××陵园节地生态葬园区集体安葬共祭仪式"开始。

3. 人员就位

司仪：内外肃静，行入场礼。襄仪者就位。

襄仪：襄仪就位。

司仪：恭请逝者灵骨。

引礼：灵骨安坐。

司仪：时值XX清明，挚友亲朋共祭亲人，此地乃是礼法之场、缅怀之所，务必庄重肃静。故祭者必尽其哀，演礼者宜诚其意，执事者各司其事，行者止步，动者停身，旁观者勿嬉笑喧哗扰乱礼仪之规。

4.仪式开始

司仪：起鼓。

司仪：XX（XXXX年）戊戌清明，XX陵园"集体安葬共祭仪式"现在开始，奏乐。

5.行三献礼

司仪：年华如驶，已届清明，音容虽远，难忘亲恩。挚友亲朋，报本情殷。谨循旧典，献祭恭伸。请全体肃立，行三献礼。

司仪：襄仪者，自东阶而升，初献佳酿。

司仪：醽酒有愆，醇馥幽郁。春醪为礼，烝畀祖妣。

司仪：襄仪者，自西阶而降。

司仪：挚友亲朋，请双手合十，一拜，起。初献礼成。

司仪：襄仪者，自东阶而升，亚献蔬果。

司仪：摘取荐陈，青翠欲滴。嘉果为礼，烝畀祖妣。

司仪：襄仪者，自西阶而降。

司仪：挚友亲朋，请双手合十，再拜，起。亚献礼成。

司仪：襄仪者，自东阶而升，三献粢盛。

司仪：五谷惟馨，粢盛毕陈。黍稷为礼，烝畀祖妣。

司仪：襄仪者，自西阶而降。

司仪：挚友亲朋，请双手合十，三拜，起。三献礼成。

6.诵读祭文

司仪：炳炳烺烺，沈博绝丽。翰墨为礼，烝畀祖妣。请主祭者，XXX，恭读祭文。

7.集体行礼

司仪：挚友亲朋，请全体肃立，行三鞠躬礼。一鞠躬，起。再鞠躬，起。三鞠躬，起。礼成。

8.安葬

司仪：引礼者，恭请亲人灵骨，安放于千年福地，奏乐。

9.仪式礼成

司仪：龙山圣境，钟灵毓秀。挚友亲朋，祭告稽首。踵事增华，遗爱千秋。慎终追远，民德归厚。

襄仪：慎终追远，民德归厚。

引礼：慎终追远，民德归厚。

司仪：XX清明，"XX陵园节地生态花坛葬园区揭幕暨集体安葬共祭仪式"圆满礼成，请挚友亲朋近前献花，自由祭奠，奏乐。

> 提示音：尊敬的各位亲友，"XX陵园节地生态花坛葬园区揭幕暨集体安葬共祭仪式"圆满礼成，请您按照工作人员指引，献花后有序离场，于祈福树前填写祈福卡，自由祭奠。（循环播放）

（2）以小组为单位，每小组进行清明主题纪念活动总结。

① 从人员角度对仪式进行总结；

② 从流程角度对仪式进行总结；

③ 从客户反馈角度对仪式进行总结。

【任务评价】

进行小组展示和总结，学生自我评价及工作成果展示。详见"任务评价工作手册"。

模块十三 其他殡葬仪式

课程思政资源

情景导入

某殡仪服务中心工作人员接业务通知,到某逝者家中接运遗体。工作人员来到逝者家中,家属要求工作人员为逝者进行净面和举行起灵仪式。工作人员针对家属特殊需求,结合相关政策法规,专门设计了全新的净面和起灵仪式,既不违反相关规定,又能满足家属需求。

请思考:在服务过程中,如果家属有特殊需求应如何应对?

知识目标

(1)掌握家庭祭奠仪式、追思仪式、净面入殓仪式的相关程序。
(2)掌握上述仪式中文书撰写、现场布置、人员调配、仪式主持的能力。

能力目标

掌握家庭祭奠仪式、追思仪式、净面入殓仪式的策划与主持技能。

思政与职业素养目标

(1)以"尊重生命,止于至善"的生命文化内涵,通过策划、组织并模拟多种殡葬仪式,理解生命价值和人文关怀的重要意义。
(2)理解生命教育在殡葬仪式中的重要作用,帮助学生在殡葬仪式的策划与主持的视野更加开阔。

核心概念

家庭祭奠仪式;追思仪式;净面入殓仪式

任务13-1 家庭祭奠仪式策划主持

【任务描述】

作为殡葬司仪,承接家庭祭奠仪式,根据策划方案做好服务工作。

【任务要求】

以小组为单位，进行相关材料准备。

【相关知识】

一、家庭祭奠仪式

所谓家庭祭奠仪式，是指礼仪人员根据家属选择，上门或在殡仪服务中心设立的城市祠堂所提供的祭奠服务。仪式通过敷设灵堂、敬香礼、三献礼、祭拜礼、祈愿礼、献花礼等流程完成整场祭奠服务。

二、仪式的特点

家庭祭奠仪式的特点有：
① 场地规模较小，参与人员不多。
② 可根据家属切实需求，增减相关流程。
③ 亲友在较为熟悉的环境中祭奠亲人，能够增加情感交流。

三、仪式的基本流程

（一）服务准备

（1）人员　2名，身着仪式服（西服或中山装）、白手套、黑皮鞋。
（2）设备　供桌、桌布、遗像（灵位）架、屏风（或衬布）、跪拜垫等。
（3）用品　五供、酒具、茶具、餐具、供盘、香、燃香烛、圣卦、鲜花、播放器和家属自备的祭品等。
（4）场地　3m×2m×2.5m（长×宽×高）。

（二）祭奠流程

1.上门服务

（1）确认地点　工作人员按照预定时间提前到达服务地点，通过电话和家属取得联系，上门服务。
（2）进门礼仪　携带各项设备用品上门，进门前主动穿戴鞋套，询问家属灵堂设立位置。
（3）灵堂搭建　按照家属指定位置搭建灵堂，同时安排家属制作花环（或折叠元宝），准备祭品。

（4）仪式准备　详细告知家属仪式流程和动作，检查各项祭品准备情况，与家属确认仪式开始时间。

（5）人员就位　礼仪人员就位，祭奠人员就位。

（6）礼仪人员行礼　向逝者遗体或遗像行三鞠躬礼。

（7）仪式开始　按家属确定的时间举行仪式。

（8）敬香、三献礼　结合祭品，安排家属净手、上香，献祭。

（9）恭读祭文　安排主祭者净手、行礼、恭读祭文。

（10）祭拜礼　组织家属行祭拜礼。

（11）祈愿礼　安排主祭者行祈愿礼。

（12）奠箔礼　安排家属行奠箔礼。

（13）献花礼　安排家属献花。

（14）仪式结束　仪式圆满礼成，引导家属自由祭奠。

（15）后续事宜　礼仪人员整理各项设备用品，同时告知家属祭奠后的礼仪事项，并预约下次祭拜服务时间，同家属道别。

2.城市祠堂祭奠

（1）确认地点　工作人员按照预定时间提前到达家属选定的祭奠场所，等候家属到来。

（2）迎候礼仪　主动迎候家属，确认预订信息，同时安排家属制作花环（或折叠元宝），准备祭品。

（3）仪式准备　详细告知家属仪式流程和动作，检查各项祭品准备情况，与家属确认仪式开始时间。

（4）人员就位　礼仪人员就位，祭奠人员就位。

（5）仪式开始　按家属确定的时间举行仪式。

（6）敬香、三献礼　结合祭品，安排家属上香，献祭。

（7）恭读祭文　安排主祭者净手、行礼、恭读祭文。

（8）祭拜礼　组织家属行祭拜礼。

（9）祈愿礼　安排主祭者行祈愿礼。

（10）奠箔礼　安排家属行奠箔礼。

（11）献花礼　安排家属献花。

（12）仪式结束　仪式圆满礼成，引导家属自由祭奠。

（13）后续事宜　礼仪人员告知家属祭奠后的礼仪须知，并预约下次祭拜服务时间。

四、家庭祭奠礼仪祝文（祭文）示例

维公元某年某月某日，挚友亲朋谨具鲜花、蔬果、佳酿、奠文之仪，致祭于亲人灵前曰：

某某一生，赋性淳真，为人正直，贤孝宽仁。

与人为善，敦亲睦邻。忠于职守，敬业乐群。

养育子女，备极辛勤。谆谆教诲，化育人心。

持家有道，事必躬亲。欣欣向荣，庭树浓荫。

功成身退，含饴弄孙。其乐融融，颐养修身。

古稀之年，含笑归真。魂安天堂，众人仰尊。

后辈励志，秉承庭训。创业兴家，不染纤尘。

敬备蔬果，佳酿奠文。祈灵有知，来格来歆。

斯人已逝，馀庆如云。音容宛在，典范犹存。

呜呼哀哉，伏惟，尚飨！

公元某年某月某日

五、家庭祭奠礼仪背景音乐示例

1.通用音乐

《跪羊图》《断情殇》《闲居吟》《夜深沉》《随缘（伴奏版）》《挽歌三首（伴奏版）》《云水之旅（伴奏版）》《感恩一切》《睡莲》《风之誓言》《泪花》《回家的路很短》《自从见到你（伴奏版）》。

2.个性化音乐

结合逝者生前喜好、信仰和家属意愿表达以及仪式规模、形式确定背景音乐的内容。

《心经》《祈求》《神爱世人》《再相会歌》《长相依》《渴望》《父亲》《母亲》《一帘幽梦》《好人一生平安》《星星索》《二泉映月》《真的好想你》《宝贝》《不了情》《永远的微笑》等。

【任务实施】

（1）根据任务13-1的分组，每组发放家庭祭奠仪式准备的相关用品（表13-1）。

表13-1　家庭祭奠礼仪用品清单

序号	物品名称	规格/样式	用途
1	折叠供桌	1个　120cm×70cm×80cm	摆放供品
2	桌布	1套　深色	遮挡供桌
3	遗像架	1个	安放遗像
4	灵位架	1个	竖灵祭奠
5	屏风（或衬布）	1套　宽200cm　高220cm	后衬遮挡
6	伸缩杆	1套　宽200cm　高220cm	后衬遮挡
7	衬布（或屏风）	1套　宽200cm　高220cm　深色或明黄色	后衬遮挡
8	跪拜垫	2个	祭拜叩首
9	五供	1套　香炉内配小米　瓷质或青铜	祭拜

续表

序号	物品名称	规格/样式	用途
10	供盘	4 盏　瓷质或青铜	祭拜
11	酒具	1 套　瓷质或青铜	祭拜
12	茶具	1 盏	祭拜
13	餐具	1 套　另配筷子 1 双	祭拜
14	香	若干　普通线香	祭拜
15	倒流香炉	1 套　倒流香若干	祭拜
16	花环	若干　绢制或鲜花	祭拜
17	桌钩	若干	悬挂花环
18	燃香烛	1 盏	燃香
19	拉口袋	若干　5cm×10cm	装黍稷
20	音乐播放器	1 套	背景音乐
21	佳酿（家属自备）	酒	祭拜
22	蔬果（家属自备）	时令蔬果	祭拜
23	黍稷（家属自备）	八宝米	祭拜
24	其他祭品（家属自备）	自选	祭拜

（2）以小组为单位，每小组进行家庭祭奠仪式会场布置。示例见图13-1、图13-2。

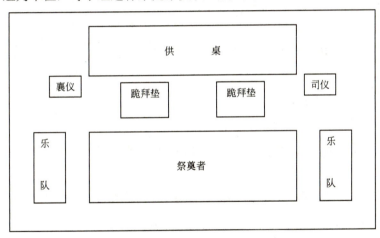

图13-1　家庭祭奠仪式会场布置图示例

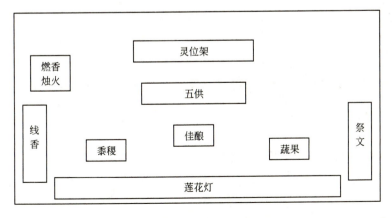

图13-2　家庭祭奠仪式供桌用品示例

（3）以小组为单位，每小组进行家庭祭奠仪式主持词、祭文等殡葬文书的撰写。

范例赏析

家庭祭奠仪式主持词示例：

1. 人员就位

司仪：各位挚友亲朋，仪式即将开始，为保持仪式的庄重与肃穆，请各位亲友将手机调成静音状态，仪式期间不得喧哗或随意走动，谢谢合作。

司仪：襄仪就位。

襄仪：襄仪就位。

司仪：内外肃静，请挚友亲朋依次上前敬香。（根据人员数量重复）

司仪：请就位。（根据人员数量重复）

2. 仪式开始

司仪：请全体肃立，亲人某某（或某某先生、女士、老人等）家庭祭奠仪式现在开始，默哀。

司仪：默哀毕。

3. 行三献礼

司仪：时值公元某年某月某日，挚友亲朋谨以鲜花、蔬果、佳酿、奠文之仪献祭于亲人灵前，以表思念之情。

司仪：请全体肃立，行三献礼。

司仪：请某某上前，初献佳酿。

司仪：挚友亲朋，请双手合十，一拜灵前遵祖德，起。初献礼成。

司仪：请某某上前，亚献蔬果。

司仪：挚友亲朋，请双手合十，再拜灵前传家道，起。亚献礼成。

司仪：请某某上前，三献五谷。

司仪：挚友亲朋，请双手合十，三拜灵前爱绵绵，起。三献礼成。

4. 诵读祭文

司仪：请某某上前，恭读祝文（祭文）。

5. 祭拜礼

司仪：挚友亲朋，请全体肃立，行三鞠躬礼，一鞠躬，起。再鞠躬，起。三鞠躬，起。礼成。

6. 祈愿礼

司仪：请全体家属双手合十，行祈愿礼。

司仪：逝者已矣，生者永悼，祈愿逝者安息永固，福佑挚友亲朋事业顺遂，山高水长。祈愿礼成。

> 7.献花礼
>
> 司仪：请全体家属上前，献花。
>
> 8.仪式礼成
>
> 司仪：亲人某某（或某某先生、女士、老人等）家庭祭奠仪式圆满礼成，祝福众亲友礼法有本，事业兴旺，满门清吉，万世荣昌。
>
> 襄仪：满门清吉，万世荣昌。
>
> 司仪：请各位挚友亲朋上前自由祭奠。

（4）以小组为单位，每小组进行家庭祭奠仪式的主持。

【任务评价】

进行小组展示和总结，学生自我评价及工作成果展示。详见"任务评价工作手册"。

任务13-2 入殓净面仪式的策划主持

【任务描述】

作为殡葬司仪，承接净面仪式，根据逝者情况和家属要求提供服务。

【任务要求】

以小组为单位，进行相关材料准备。

【相关知识】

殡葬服务中的净面是指礼仪人员指导或协助家属，通过对逝者面部和手足等部位擦拭并祈福的仪式活动。

一、服务准备

（1）人员 2名，身着仪式服（西服或中山装）、白手套、黑皮鞋。

（2）用品 托盘、莲花灯、香炉、熏香、净水盅、面巾、盥洗盆、毛巾等。

（3）场地 整容室、告别厅等类似场所，具体面积视参与人数确定。

二、仪式流程

（1）确认信息 礼仪人员和家属核对逝者信息，做好遗体识别。

(2）仪式准备　详细告知家属仪式流程和动作，检查各项用品准备情况，与家属确认仪式开始时间。

(3）人员就位　礼仪人员就位，家属就位。

(4）仪式开始　按家属确定的时间举行仪式。

(5）盥洗、燃灯、燃香　安排家属净手后燃灯、燃香。

(6）净面、颂唱　指引家属蘸露轻拂逝者面部和手足等部位器官，其余人员颂唱歌诀，双手合十祈福。

(7）仪式结束　仪式圆满礼成。

三、净面祈福仪式人员站位示意图

净面祈福仪式人员站位见图13-3。

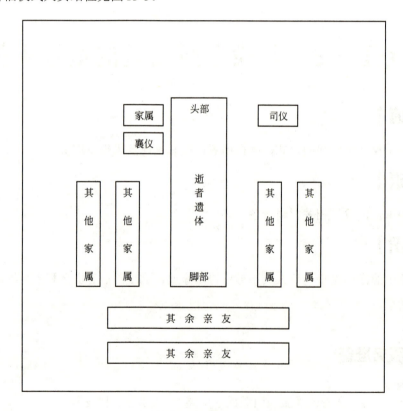

图13-3　净面祈福仪式人员站位

【任务实施】

（1）根据任务13-1的分组，每组发放入殓净面仪式准备的相关用品（表13-2）。

表13-2　净面祈福仪式用品清单

序号	物品名称	规格/样式	用途
1	托盘	1个	摆放用品
2	盥洗盆	1个	净手盥洗
3	毛巾	1条	净手
4	莲花灯	1盏　蜡烛或电子灯	燃灯
5	香炉	1盏	燃香
6	熏香	若干	燃香
7	点火器	1只	燃灯、燃香
8	净水盅	1盏	净面
9	面巾	1块	净面
10	纯净水	若干	净面
11	其他物品	需要放置逝者身旁	家属自备

（2）以小组为单位，每小组进行入殓净面仪式会场布置。

（3）以小组为单位，每小组进行入殓净面仪式主持词、祭文等殡葬文书的撰写。

范例赏析

净面祈福仪式主持词示例：

①人员就位

司仪：各位挚友亲朋，仪式即将开始，为保持仪式的庄重与肃穆，请各位亲友将手机调成静音状态，仪式期间不得喧哗或随意走动，谢谢合作。

司仪：内外肃静，请挚友亲朋入场就位。

襄仪：家属就位。

司仪：全体肃立，亲人×××，净面祈福仪式现在开始。

②盥洗

司仪：行盥洗礼。河水洋洋，瑕涤垢荡。淮水汤汤，祓除不祥。泌之洋洋，玉洁冰清。漫濯柔荑，以净其心。

襄仪：盥洗礼成。

③燃灯

司仪：行燃灯礼。宝莲华光，丽散十方。普天诸地，映遍其芒。凝香破暗，尽悉照朗。释迷解惑，普渡慈航。

襄仪：燃灯礼成。

④燃香

司仪：行燃香礼。博山重炷海南沉，玉炉沉水袅氤氲。旃檀喷麝兰芳郁，薰香手祷敬故人。

襄仪：燃香礼成。

⑤净面

司仪：亲人既殁，德行昭彰。华光福佑，龙涎芬芳。甘露拂面，以启心光。灵爽在天，驾鹤西翔。请全体肃立，行净面礼。

襄仪：净面礼成。

⑥仪式礼成

司仪：亲人×××，净面仪式圆满礼成，祝福众亲友诸事顺意，福寿康宁。

襄仪：诸事顺意，福寿康宁。

（4）以小组为单位，每小组进行入殓净面仪式的主持和服务。

【任务评价】

进行小组展示和总结，学生自我评价及工作成果展示。详见"任务评价工作手册"。

任务13-3　暖衣和起灵仪式的策划主持

【任务描述】

作为殡葬司仪，除掌握常规殡葬服务以外，还要对有特殊信仰或需求的家属所提出的殡葬仪式有所了解和掌握。

【任务要求】

以小组为单位，进行相关准备和模拟操作。

【相关知识】

一、暖衣仪式

暖衣原指冬衣，在殡葬中引申为在为逝者更衣前，用香烛、拂尘等，对寿服进行行礼、扫净、香薰的仪式。主要寓意为：逝者子女满怀感恩之情，为逝者理净寿服，愿逝者带着亲人的思念，身着干净、温暖的寿服安然离去。

范例赏析

理净寿服（暖衣仪式）主持词：

1.控场

尊敬的各位家属，各位亲友，在我们向亲人表达情意、敬献孝心的庄重时刻，请您将手机调为静音，并在整场仪式过程中保持肃静，谢谢您的配合。

2.行礼

逝者已矣，我们至亲、至爱、至尊敬的×××（老人或先生、女士），为了我们的家庭幸福和子女健康成长付出了毕生的心血。无论多少纷繁事物，无论多少坎坷风雨，总是能够从容应对，以坚实的臂膀，勇挑生活的重担。我们为失去这样一位平凡而伟大的亲人感到无比难过。此刻，就让我们以暖衣孝礼，感谢他一生默默地付出。

3.仪式

请家属代表净手。上香！

亲情，与生俱来，血脉相连。

我们至亲、至爱、至尊敬的×××（老人或先生、女士）即将前往圆满幸福的彼岸。

行装，已备好，家属谨以整衣、敬衣、暖衣孝礼，为您善备远行之仪，恭送您人生最后一程。

请家属代表为亲人理净新衣，祝愿亲人路上玉树临风，冰清玉洁。

全体家属双手合十。

请净衣。

虔心孺慕持拂尘，
慢拭轻振净衣衾。
无尘无忧了牵挂，
福寿全归驾祥云。
请家属代表为亲人暖衣行孝。
博山重炷南沉香，
旃檀喷射暖衾裳。
腾云驾鹤归福地，
福佑后辈永安康。

×××（老人或先生、女士）暖衣礼成。

二、起灵仪式

起灵是指将停放在灵堂的灵柩抬起运走的那一时刻的过程，是举行一系列葬礼活动中的首要一环。一般程序是：

① 将遗体入殓；

② 各随葬品入棺；

③ 家属亲视含殓；

④ 封棺；

⑤礼仪人员就位；

⑥祭拜、行礼、摔盆；

⑦起灵。

【任务实施】

（1）以小组为单位，每小组进行相关殡葬仪式的模拟演练。

①服务准备

A.服务人员精神饱满，着装规范；

B.服务人员详细了解客户需求和服务流程；

C.相关服务用品、用具准备齐全。

②仪式主持

A.引领家属入场站位；

B.宣布开始。

> **范例赏析**
>
> **起灵仪式主持词：**
>
> ＿＿＿（老人）起灵仪式即将开始，请各位来宾，各位亲朋好友于灵前就位。
>
> 　　为保持灵堂的庄严与肃穆以及对老人的尊重，请大家保持安静，将手机调为静音或震动状态，吸烟的同志请熄灭您手中的香烟，戴帽的同志请暂时脱帽。由衷感谢各位的支持与配合，谢谢。
>
> 　　尊敬的各位来宾，各位亲朋好友，我宣布＿＿＿（老人）起灵仪式正式开始！
>
> 　　今天是公元＿＿＿年，月鉴＿＿＿月，越忌日＿＿＿。我们怀着无比沉痛的心情为＿＿＿（老人）送别。＿＿＿（老人）于＿＿＿年＿＿＿月＿＿＿日与世长辞，终年＿＿＿岁。
>
> 　　母（父）亲用她（他）的一生来谱写这个家的故事，平淡却不平凡。现在她（他）虽然离我们而去，但她（他）的音容笑貌却仍然留在我们心中。在这里，我谨代表××××生命文化服务有限公司全体工作人员向逝者表示沉痛的哀悼，向家属表达最诚挚的慰问，同时也请允许我代表家属，向前来参加起灵仪式的各位来宾、各位亲朋好友表示由衷的感谢。
>
> 　　都说母爱如水，点点滴滴，滋润在我们的心田（都说父爱如山，浑厚而深沉，不轻易流露）。儿女们当然记得母（父）亲为这个家所付出的一切，可是如今天人永隔，再见无期，儿女们只得以三叩首之礼，以报亲恩于万一。本家子女晚辈请跪。
>
> 　　一叩首，一谢多年宥子罪；
>
> 　　再叩首，再念慈母（父）养育恩；
>
> 　　三叩首，终泣灵前永告别。
>
> 　　礼成，家属请起。请上到旁侧。

> 多感嘉宾来祭奠，深悲亲人去难留。请来宾代表于灵前致奠，行三鞠躬之礼，愿＿＿（老人）一路走好。一鞠躬，再鞠躬，三鞠躬。礼成。请来宾上到旁侧。
>
> 树欲静而风不止，子欲养而亲不待，不知不觉中，母（父）亲，您的双鬓白了，眼睛也花了，最后，您永远离开了我们。今天儿女们在此送别母（父）亲，愿您安息。请孝子于灵前肃立，跪。
>
> 请礼仪人员落报丧纸，请孝子为母（父）亲大人送盘缠钱。
> 请孝子为老人敬酒三杯！（烛光缕缕催人泪，清酒盏盏断人肠。）
> 一敬胸怀坦荡路宽广，
> 再敬众多亲友莫悲伤，
> 又敬慈母（父）恩情不相忘。
> 请孝子为老人敬茶一杯！清香萦绕永不散，福佑子孙保后人。
> 请礼仪人员上孝子盆，请孝子将盆高高举起，举过头顶。
> 吉时已到，摔盆起灵！

（2）以小组为单位，每小组进行相关殡葬仪式的总结。

① 从人员角度对仪式进行总结；

② 从流程角度对仪式进行总结；

③ 从客户反馈角度对仪式进行总结。

【任务评价】

进行小组展示和总结，学生自我评价及工作成果展示。详见"任务评价工作手册"。

参考文献

[1] 王夫子，郭灿辉.殡葬礼仪实务[M].长沙：湖南人民出版社，2013.
[2] 路晓红，邓向东.实用殡葬礼仪及哀祭文书[M].太原：山西科学技术出版社，2011.
[3] 郑志明.中国殡葬礼仪学新论[M].北京：东方出版社，2010.
[4] 朴红梅.舞蹈与幼儿舞蹈创编[M].2版.北京：高等教育出版社，2019.
[5] 李伯森，肖成龙.中国殡葬事业发展报告（2016～2017）[M].北京：社会科学文献出版社，2017.
[6] 朱金龙.殡葬新论[M].上海：上海社会科学院出版社，2010.
[7] 刘桂瑛.护理礼仪[M].2版.北京：人民卫生出版社，2014.
[8] 民政部职业技能鉴定指导中心.殡仪服务员：基础知识 五、四、三级技能[M].北京：中国社会出版社，2006.

殡葬仪式策划与主持任务评价工作手册

班级：_____

姓名：_____

学号：_____

目 录

任务 4-1　发音技法训练评价表 ··· 1

任务 4-2　呼吸控制训练评价表 ··· 3

任务 4-3　心理训练评价表 ··· 5

任务 4-4　记忆训练评价表 ··· 7

任务 5-1　基本姿态训练评价表 ··· 9

任务 5-2　柔韧性训练评价表 ··· 11

任务 5-3　把杆训练评价表 ·· 13

任务 6-1　洽谈准备评价表 ·· 15

任务 6-2　洽谈演练评价表 ·· 17

任务 7-1　护灵仪式策划评价表 ·· 19

任务 7-2　护灵仪式准备评价表 ·· 21

任务 7-3　护灵仪式主持评价表 ·· 23

任务 8-1　告别仪式策划评价表 ·· 25

任务 8-2　告别仪式准备评价表 ·· 27

任务 8-3　告别仪式主持评价表 ·· 29

任务 9-1　入化纳灵仪式策划评价表 ··· 31

任务 9-2　入化纳灵仪式准备评价表 ··· 33

任务 9-3　入化纳灵仪式主持评价表 ··· 35

任务 10-1　骨灰安葬仪式策划评价表 ··· 37

任务 10-2　骨灰安葬仪式准备评价表 ··· 39

任务 10-3　骨灰安葬仪式主持评价表 ··· 41

任务 11-1　公祭仪式策划评价表 ··· 43

任务 11-2　公祭仪式准备评价表 ··· 45

任务 11-3　公祭仪式主持评价表 ··· 47

任务 12-1　清明主题纪念活动策划评价表 ··································· 49

任务 12-2　清明主题纪念活动准备评价表 ··································· 51

任务 12-3　清明主题纪念活动主持评价表 ··································· 53

任务 13-1　家庭祭奠仪式策划主持评价表 ··································· 55

任务 13-2　入殓净面仪式策划主持评价表 ··································· 57

任务 13-3　暖衣和起灵仪式策划主持评价表 ································ 59

任务 4-1　发音技法训练评价表

组别		姓名			
时间		地点			
项目	评价依据	优秀 （100%）	良好 （80%）	合格 （60%）	继续努力 （40%）
任务理解 （10分）	清楚任务要求，解决方案清晰				
任务准备 （20分）	收集任务所需资料，做好任务准备				
任务实施 （40分）	气息均匀、声音平稳；过程流畅				
实施效果 （30分）	任务实施达到预期目的，具有较强的团队精神和合作意识，在任务实施过程中具有创新精神				
总分					

问题与感想	
项目综合评价	

任务4-2　呼吸控制训练评价表

组别			姓名			
时间			地点			
项目	评价依据	优秀（100%）	良好（80%）	合格（60%）	继续努力（40%）
任务理解（10分）	清楚任务要求，解决方案清晰				
任务准备（20分）	收集任务所需资料，做好任务准备				
任务实施（40分）	横膈弹动练习符合要求； 胸腹联合式呼吸练习符合要求； 扩大吸气量练习符合要求				
实施效果（30分）	任务实施达到预期目的，具有较强的团队精神和合作意识，在任务实施过程中具有创新精神				
总分					

问题与感想	
项目综合评价	

任务 4-3　心理训练评价表

组别			姓名			
时间			地点			
项目	评价依据	优秀（100%）	良好（80%）	合格（60%）	继续努力（40%）
任务理解（10分）	清楚任务要求，解决方案清晰				
任务准备（20分）	收集任务所需资料，做好任务准备				
任务实施（40分）	站立不语练习符合步骤要求；即兴说话练习符合步骤要求；命题主持练习符合步骤要求；即兴主持练习符合步骤要求				
实施效果（30分）	任务实施达到预期目的，具有较强的团队精神和合作意识，在任务实施过程中具有创新精神				
总分					

问题与感想	
项目综合评价	

任务 4-4　记忆训练评价表

组别		姓名			
时间		地点			
项目	评价依据	优秀 （100%）	良好 （80%）	合格 （60%）	继续努力 （40%）
任务理解 （10分）	清楚任务要求，解决方案清晰				
任务准备 （20分）	收集任务所需资料，做好任务准备				
任务实施 （40分）	诵读法练习情感表达充分、流畅； 纲目法练习记忆清楚，表达流畅				
实施效果 （30分）	任务实施达到预期目的，具有较强的团队精神和合作意识，在任务实施过程中具有创新精神				
总分					

问题与感想	
项目综合评价	

任务 5-1 基本姿态训练评价表

组别			姓名		
时间			地点		
项目	评价依据	优秀 （100%）	良好 （80%）	合格 （60%）	继续努力 （40%）
任务理解 （10分）	清楚任务要求，解决方案清晰				
任务准备 （20分）	收集任务所需资料，做好任务准备				
任务实施 （40分）	站姿符合要求； 行姿符合要求； 坐姿符合要求				
实施效果 （30分）	任务实施达到预期目的，具有较强的团队精神和合作意识，在任务实施过程中具有创新精神				
总分					

问题与感想	
项目综合评价	

任务 5-2　柔韧性训练评价表

组别			姓名		
时间			地点		
项目	评价依据	优秀（100%）	良好（80%）	合格（60%）	继续努力（40%）
任务理解（10分）	清楚任务要求，解决方案清晰				
任务准备（20分）	收集任务所需资料，做好任务准备				
任务实施（40分）	腿髋部柔韧性训练符合要求；腰部柔韧性训练符合要求；被动形式训练符合要求				
实施效果（30分）	任务实施达到预期目的，具有较强的团队精神和合作意识，在任务实施过程中具有创新精神				
总分					

问题与感想	
项目综合评价	

任务5-3 把杆训练评价表

组别		姓名			
时间		地点			
项目	评价依据	优秀（100%）	良好（80%）	合格（60%）	继续努力（40%）
任务理解（10分）	清楚任务要求，解决方案清晰				
任务准备（20分）	收集任务所需资料，做好任务准备				
任务实施（40分）	肩部训练符合规范；腿部训练符合规范				
实施效果（30分）	任务实施达到预期目的，具有较强的团队精神和合作意识，在任务实施过程中具有创新精神				
总分					

问题与感想	
项目综合评价	

任务6-1 洽谈准备评价表

组别			姓名		
时间			地点		
项目	评价依据	优秀 （100%）	良好 （80%）	合格 （60%）	继续努力 （40%）
任务理解 （10分）	清楚任务内容，准备工作清晰				
任务准备 （20分）	明确任务目标，做好任务准备				
任务实施 （40分）	业务洽谈准备工作完整： 自身准备得体； 环境准备整洁； 工作准备周到； 行为举止恰当				
实施效果 （30分）	任务实施达到预期目的，具有较强的团队精神和合作意识，在任务实施过程中具有创新精神				
总分					

问题与感想	
项目综合评价	

任务6-2 洽谈演练评价表

组别			姓名		
时间			地点		
项目	评价依据	优秀（100%）	良好（80%）	合格（60%）	继续努力（40%）
任务理解（10分）	清楚任务要求，解决方案清晰				
任务准备（20分）	收集任务所需资料，做好任务准备				
任务实施（40分）	业务接待流程符合规范； 业务接待准备规范； 能了解服务对象需求； 能判断服务对象消费心理和类型特征； 业务洽谈流程规范； 能处理洽谈中的僵局				
实施效果（30分）	任务实施达到预期目的，具有较强的团队精神和合作意识，在任务实施过程中具有创新精神				
总分					

问题与感想	
项目综合评价	

任务 7-1　护灵仪式策划评价表

组别			姓名		
时间			地点		
项目	评价依据	优秀 （100%）	良好 （80%）	合格 （60%）	继续努力 （40%）
任务理解 （10分）	清楚任务要求，解决方案清晰				
任务准备 （20分）	收集任务所需资料，做好任务准备				
任务实施 （40分）	拟定主题合理，主题背景音乐符合主题；站位图具有个性化特征，布置符合主题；主题护灵仪式策划书拟写规范				
实施效果 （30分）	任务实施达到预期目的，具有较强的团队精神和合作意识，在任务实施过程中具有创新精神				
总分					

问题与感想	
项目综合评价	

任务 7-2　护灵仪式准备评价表

组别		姓名			
时间		地点			
项目	评价依据	优秀（100%）	良好（80%）	合格（60%）	继续努力（40%）
任务理解（10分）	清楚任务要求，解决方案清晰				
任务准备（20分）	收集任务所需资料，做好任务准备				
任务实施（40分）	护灵仪式会场布置与会场布置图一致，准备相关用品，符合仪式要求；进行护灵仪式指挥词和主持词等殡葬文书的撰写，符合仪式主题和规范				
实施效果（30分）	任务实施达到预期目的，具有较强的团队精神和合作意识，在任务实施过程中具有创新精神				
总分					

21

问题与感想	
项目综合评价	

任务7-3　护灵仪式主持评价表

组别			姓名			
时间			地点			
项目	评价依据		优秀（100%）	良好（80%）	合格（60%）	继续努力（40%）
任务理解（10分）	清楚任务要求，解决方案清晰					
任务准备（20分）	收集任务所需资料，做好任务准备					
任务实施（40分）	护灵仪式模拟、组织合理，流程顺畅；护灵仪式总结拟写规范					
实施效果（30分）	任务实施达到预期目的，具有较强的团队精神和合作意识，在任务实施过程中具有创新精神					
总分						

问题与感想	
项目综合评价	

任务 8-1　告别仪式策划评价表

组别			姓名			
时间			地点			
项目	评价依据		优秀 （100%）	良好 （80%）	合格 （60%）	继续努力 （40%）
任务理解 （10分）	清楚任务要求，解决方案清晰					
任务准备 （20分）	收集任务所需资料，做好任务准备					
任务实施 （40分）	PPT讲述"生命故事"，符合背景人物； 拟定主题合理，主题背景音乐符合主题； 会场布置图具有个性化特征，布置符合主题； 主题告别仪式策划书拟写规范； 主题告别仪式执行表制订合理					
实施效果 （30分）	任务实施达到预期目的，具有较强的团队精神和合作意识，在任务实施过程中具有创新精神					
总分						

问题与感想	
项目综合评价	

任务8-2 告别仪式准备评价表

组别			姓名		
时间			地点		
项目	评价依据	优秀（100%）	良好（80%）	合格（60%）	继续努力（40%）
任务理解（10分）	清楚任务要求，解决方案清晰				
任务准备（20分）	收集任务所需资料，做好任务准备				
任务实施（40分）	告别仪式会场布置与会场布置图一致，符合仪式要求；告别仪式主持词、悼词、答谢词等殡葬文书的撰写符合规范和人物背景				
实施效果（30分）	任务实施达到预期目的，具有较强的团队精神和合作意识，在任务实施过程中具有创新精神				
总分					

问题与感想	
项目综合评价	

任务 8-3　告别仪式主持评价表

组别			姓名			
时间			地点			
项目	评价依据	优秀（100%）	良好（80%）	合格（60%）	继续努力（40%）
任务理解（10分）	清楚任务要求，解决方案清晰				
任务准备（20分）	收集任务所需资料，做好任务准备				
任务实施（40分）	告别仪式模拟、组织合理，流程顺畅；告别仪式总结拟写规范				
实施效果（30分）	任务实施达到预期目的，具有较强的团队精神和合作意识，在任务实施过程中具有创新精神				
总分					

问题与感想	
项目综合评价	

任务9-1　入化纳灵仪式策划评价表

组别			姓名			
时间			地点			
项目	评价依据	优秀 （100%）	良好 （80%）	合格 （60%）	继续努力 （40%）	
任务理解 （10分）	清楚任务要求，解决方案清晰					
任务准备 （20分）	收集任务所需资料，做好任务准备					
任务实施 （40分）	拟定主题符合背景，选取主题背景音乐恰当； 设定个性化的仪式环节符合主题，设计得当； 入化纳灵仪式策划书拟写规范					
实施效果 （30分）	任务实施达到预期目的，具有较强的团队精神和合作意识，在任务实施过程中具有创新精神					
总分						

问题与感想	
项目综合评价	

任务9-2 入化纳灵仪式准备评价表

组别			姓名		
时间			地点		
项目	评价依据	优秀（100%）	良好（80%）	合格（60%）	继续努力（40%）
任务理解（10分）	清楚任务要求，解决方案清晰				
任务准备（20分）	收集任务所需资料，做好任务准备				
任务实施（40分）	入化纳灵仪式会场布置与会场布置图一致，符合仪式要求；入化纳灵仪式主持词、悼词、答谢词等文书撰写符合规范				
实施效果（30分）	任务实施达到预期目的，具有较强的团队精神和合作意识，在任务实施过程中具有创新精神				
总分					

问题与感想	
项目综合评价	

任务9-3　入化纳灵仪式主持评价表

组别			姓名			
时间			地点			
项目	评价依据		优秀（100%）	良好（80%）	合格（60%）	继续努力（40%）
任务理解（10分）	清楚任务要求，解决方案清晰					
任务准备（20分）	收集任务所需资料，做好任务准备					
任务实施（40分）	入化纳灵仪式会场布置与会场布置图一致，符合仪式要求；入化纳灵仪式总结拟写规范					
实施效果（30分）	任务实施达到预期目的，具有较强的团队精神和合作意识，在任务实施过程中具有创新精神					
总分						

问题与感想	
项目综合评价	

任务10-1 骨灰安葬仪式策划评价表

组别			姓名			
时间			地点			
项目	评价依据		优秀 （100%）	良好 （80%）	合格 （60%）	继续努力 （40%）
任务理解 （10分）	清楚任务要求，解决方案清晰					
任务准备 （20分）	收集任务所需资料，做好任务准备					
任务实施 （40分）	骨灰安葬仪式主题拟定符合人物背景，背景音乐选取恰当； 骨灰安葬仪式策划书撰写符合规范					
实施效果 （30分）	任务实施达到预期目的，具有较强的团队精神和合作意识，在任务实施过程中具有创新精神					
总分						

问题与感想	
项目综合评价	

任务10-2　骨灰安葬仪式准备评价表

组别			姓名		
时间			地点		
项目	评价依据	优秀（100%）	良好（80%）	合格（60%）	继续努力（40%）
任务理解（10分）	清楚任务要求，解决方案清晰				
任务准备（20分）	收集任务所需资料，做好任务准备				
任务实施（40分）	仪式会场布置符合主题；仪式主持词等殡葬文书的撰写符合规范				
实施效果（30分）	任务实施达到预期目的，具有较强的团队精神和合作意识，在任务实施过程中具有创新精神				
总分					

问题与感想	
项目综合评价	

任务10-3　骨灰安葬仪式主持评价表

组别					
时间		地点			
项目	评价依据	优秀 （100%）	良好 （80%）	合格 （60%）	继续努力 （40%）
任务理解 （10分）	清楚任务要求，解决方案清晰				
任务准备 （20分）	收集任务所需资料，做好任务准备				
任务实施 （40分）	骨灰安葬仪式组织合理、流程顺畅； 骨灰安葬仪式总结拟写规范				
实施效果 （30分）	任务实施达到预期目的，具有较强的团队精神和合作意识，在任务实施过程中具有创新精神				
总分					

问题与感想	
项目综合评价	

任务11-1 公祭仪式策划评价表

组别		姓名			
时间		地点			
项目	评价依据	优秀（100%）	良好（80%）	合格（60%）	继续努力（40%）
任务理解（10分）	清楚任务要求，解决方案清晰				
任务准备（20分）	收集任务所需资料，做好任务准备				
任务实施（40分）	公祭仪式策划符合人物特征和主办方需求；仪式策划书撰写符合规范				
实施效果（30分）	任务实施达到预期目的，具有较强的团队精神和合作意识，在任务实施过程中具有创新精神				
总分					

问题与感想	
项目综合评价	

任务 11-2 公祭仪式准备评价表

组别			姓名		
时间			地点		
项目	评价依据	优秀（100%）	良好（80%）	合格（60%）	继续努力（40%）
任务理解（10分）	清楚任务要求，解决方案清晰				
任务准备（20分）	收集任务所需资料，做好任务准备				
任务实施（40分）	公祭仪式现场布置符合人物特征和主办方需求；殡葬文书撰写紧贴人物，满足家属要求				
实施效果（30分）	任务实施达到预期目的，具有较强的团队精神和合作意识，在任务实施过程中具有创新精神				
总分					

问题与感想	
项目综合评价	

任务11-3　公祭仪式主持评价表

组别		姓名			
时间		地点			
项目	评价依据	优秀 （100%）	良好 （80%）	合格 （60%）	继续努力 （40%）
任务理解 （10分）	清楚任务要求，解决方案清晰				
任务准备 （20分）	收集任务所需资料，做好任务准备				
任务实施 （40分）	人员站位安排合理； 仪式流程圆满有序； 总结到位，能够准确分析服务亮点和不足				
实施效果 （30分）	任务实施达到预期目的，具有较强的团队精神和合作意识，在任务实施过程中具有创新精神				
总分					

问题与感想	
项目综合评价	

任务12-1　清明主题纪念活动策划评价表

组别					
时间		姓名			
		地点			
项目	评价依据	优秀 （100%）	良好 （80%）	合格 （60%）	继续努力 （40%）
任务理解 （10分）	清楚任务要求，解决方案清晰				
任务准备 （20分）	收集任务所需资料，做好任务准备				
任务实施 （40分）	整场仪式流程设计合理能够满足家属要求；活动策划书撰写符合规范				
实施效果 （30分）	任务实施达到预期目的，具有较强的团队精神和合作意识，在任务实施过程中具有创新精神				
总分					

问题与感想	
项目综合评价	

任务12-2　清明主题纪念活动准备评价表

组别			姓名			
时间			地点			
项目	评价依据		优秀 （100%）	良好 （80%）	合格 （60%）	继续努力 （40%）
任务理解 （10分）	清楚任务要求，解决方案清晰					
任务准备 （20分）	收集任务所需资料，做好任务准备					
任务实施 （40分）	清明祭奠主题突出； 现场布置能够满足需求； 殡葬文书新颖，符合时代特色和家属需求					
实施效果 （30分）	任务实施达到预期目的，具有较强的团队精神和合作意识，在任务实施过程中具有创新精神					
总分						

问题与感想	
项目综合评价	

任务12-3 清明主题纪念活动主持评价表

组别			姓名		
时间			地点		
项目	评价依据	优秀 （100%）	良好 （80%）	合格 （60%）	继续努力 （40%）
任务理解 （10分）	清楚任务要求，解决方案清晰				
任务准备 （20分）	收集任务所需资料，做好任务准备				
任务实施 （40分）	人员入场站位准确； 仪式流程安排合理； 切实考虑所有参与者的实际需求； 总结规范				
实施效果 （30分）	任务实施达到预期目的，具有较强的团队精神和合作意识，在任务实施过程中具有创新精神				
总分					

问题与感想	
项目综合评价	

任务13-1　家庭祭奠仪式策划主持评价表

组别		姓名			
时间		地点			
项目	评价依据	优秀（100%）	良好（80%）	合格（60%）	继续努力（40%）
任务理解（10分）	清楚任务要求，解决方案清晰				
任务准备（20分）	收集任务所需资料，做好任务准备				
任务实施（40分）	会场布置符合家庭祭奠仪式需求； 家庭祭奠仪式实施过程顺畅； 司仪组织家庭祭奠仪式顺畅； 礼仪动作到位				
实施效果（30分）	任务实施达到预期目的，具有较强的团队精神和合作意识，在任务实施过程中具有创新精神				
总分					

问题与感想	
项目综合评价	

任务13-2 入殓净面仪式策划主持评价表

组别			姓名		
时间			地点		
项目	评价依据	优秀（100%）	良好（80%）	合格（60%）	继续努力（40%）
任务理解（10分）	清楚任务要求，解决方案清晰				
任务准备（20分）	收集任务所需资料，做好任务准备				
任务实施（40分）	会场布置符合入殓净面仪式需求； 入殓净面仪式实施过程顺畅； 司仪组织入殓净面仪式顺畅； 礼仪入殓净面动作到位				
实施效果（30分）	任务实施达到预期目的，具有较强的团队精神和合作意识，在任务实施过程中具有创新精神				
总分					

问题与感想	
项目综合评价	

任务13-3　暖衣和起灵仪式策划主持评价表

组别			姓名			
时间			地点			
项目	评价依据		优秀 （100%）	良好 （80%）	合格 （60%）	继续努力 （40%）
任务理解 （10分）	清楚任务要求，解决方案清晰					
任务准备 （20分）	收集任务所需资料，做好任务准备					
任务实施 （40分）	会场布置符合仪式需求； 仪式实施过程顺畅； 司仪组织仪式顺畅； 司仪情感表达到位					
实施效果 （30分）	任务实施达到预期目的，具有较强的团队精神和合作意识，在任务实施过程中具有创新精神					
总分						

问题与感想	
项目综合评价	

定价：46.80元